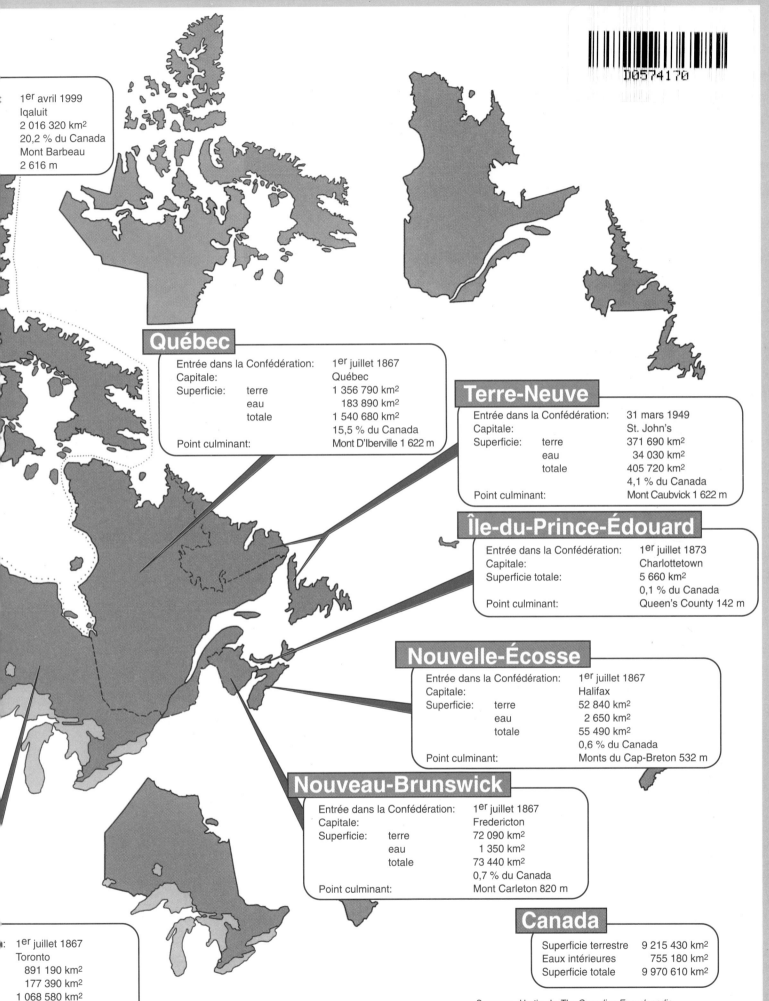

1er avril 1999
Iqaluit
2 016 320 km²
20,2 % du Canada
Mont Barbeau
2 616 m

Québec

Entrée dans la Confédération:		1er juillet 1867
Capitale:		Québec
Superficie:	terre	1 356 790 km²
	eau	183 890 km²
	totale	1 540 680 km²
		15,5 % du Canada
Point culminant:		Mont D'Iberville 1 622 m

Terre-Neuve

Entrée dans la Confédération:		31 mars 1949
Capitale:		St. John's
Superficie:	terre	371 690 km²
	eau	34 030 km²
	totale	405 720 km²
		4,1 % du Canada
Point culminant:		Mont Caubvick 1 622 m

Île-du-Prince-Édouard

Entrée dans la Confédération:	1er juillet 1873
Capitale:	Charlottetown
Superficie totale:	5 660 km²
	0,1 % du Canada
Point culminant:	Queen's County 142 m

Nouvelle-Écosse

Entrée dans la Confédération:		1er juillet 1867
Capitale:		Halifax
Superficie:	terre	52 840 km²
	eau	2 650 km²
	totale	55 490 km²
		0,6 % du Canada
Point culminant:		Monts du Cap-Breton 532 m

Nouveau-Brunswick

Entrée dans la Confédération:		1er juillet 1867
Capitale:		Fredericton
Superficie:	terre	72 090 km²
	eau	1 350 km²
	totale	73 440 km²
		0,7 % du Canada
Point culminant:		Mont Carleton 820 m

Canada

Superficie terrestre	9 215 430 km²
Eaux intérieures	755 180 km²
Superficie totale	9 970 610 km²

1er juillet 1867
Toronto
891 190 km²
177 390 km²
1 068 580 km²
10,7 % du Canada
Monts Ishpatina 693 m

Sources: Hurtig, Jr. *The Canadian Encyclopedia*
The Canadian World Almanac 1999, Global Press,
Annuaires du Canada.

Atlas scolaire

Ronald C. DALY

Atlas scolaire

3ᵉ édition

Guérin Montréal Toronto

4501, rue Drolet
Montréal (Québec) H2T 2G2 Canada
Téléphone: (514) 842-3481
Télécopieur: (514) 842-4923
Courrier électronique: francel@guerin-editeur.qc.ca
Site Internet: http://www.guerin-editeur.qc.ca

Dépôt légal

ISBN 2-7601-5423-8

Bibliothèque nationale du Québec, 2000
Bibliothèque nationale du Canada, 2000

IMPRIMÉ AU CANADA

Révision linguistique Carolle Dea

Nous reconnaissons l'aide financière du gouvernement du Canada par l'entremise
du Programme d'Aide au Développement de l'Industrie de l'Édition (PADIÉ)
pour nos activités d'édition.

Canadä

LE «PHOTOCOPILLAGE» TUE LE LIVRE

Version anglaise Gage Educational
Publishing Company
The Macmillan School Atlas
3e édition – copyright 1997
ISBN 0-7715-8269-2
Traduit de l'anglais par Fernand Grenier, géographe
avec la collaboration de Nilma Saint-Gelais

CRÉDITS PHOTOGRAPHIQUES

P. 1: British Library; p. 2: NASA; p. 6 et 26: Photothèque nationale de l'air/Énergie, Mines et Ressources du Canada; p. 18 à gauche et au milieu, p. 24 en haut, au milieu et en bas à gauche, p. 37 (Québec), p. 39 en haut à gauche et à droite, p. 43 en haut à droite: Robert Waldock; p. 18 (illustration): Anne Stanley; p. 18 à droite, p. 19 au milieu: Jennifer Walti-Walters; p. 19 à gauche, p. 37 (Regina): S.P.M.C. – Photographic Services Agency; p. 19 à gauche, p. 43 en bas à gauche: gouvernement de Colombie-Britannique; p. 20 en haut: Bourse de Tōkyō, Japon; p. 21 en haut: Dilip Mehta © ACDI; p. 20 en bas: Ellen Tolmie © ACDI; p. 21 en bas, p. 96 (3), p. 97 (5), p. 99 en haut à gauche, p. 101 (3), p. 107 en bas: Victor Englebert; p. 22: Embratur, Brésil; p. 23 en haut: Patricio Baeza; p. 23 en bas, p. 99 en bas à gauche et à droite, p. 107 au milieu: Robin White/Fotolex; p. 24 en bas à droite: U.S. Information Service; p. 25 en haut et en bas à droite: Richard Hartmier/Fotolex; p. 25 au milieu: E.B. Waldock; p. 25 en bas à gauche et p. 90: Bureau national du tourisme du Costa Rica; p. 27: photos obtenues à partir de diapositives fournies par le Defence Meteorological Satellite Program de la USAF, archivées pour le NOAA/NESDIS, University of Colorado, CIRES/Campus Box 449, Boulder, CO 80309; p. 29 en haut, p. 31 au milieu à gauche, p. 123: ministère de l'Industrie, de la Science et de la Technologie, Canada; p. 29 au milieu: Lee Battalia, U.S. Information Service; p. 29 en bas: gracieuseté d'Alfonso Nieto, attaché de presse au Consulat général du Mexique; p. 31 en haut à gauche: Dynese Griffiths/Network Stock Photo File; p. 31 en haut à droite, Division du tourisme, Florida Department of Commerce; p. 31 en bas: Bill Ivy; p. 37 gracieuseté du Department of Development, gouvernement de Terre-Neuve et du Labrador/Wayne Sturge; p. 37: Nova Scotia Tourism & Culture; p. 37: Prince Edward Island Tourism Photo/Wayne Barrett; p. 37: Keith Minchin/Visitors and Convention Bureau/Fredericton; p. 37: Metropolitan Toronto Convention and Visitors Association; p. 37: Photo/Fred Bruemmer, Valan Photos (Iqualuit); p.37: Alan Zenuk/ministère canadien de l'Industrie, de la Science et de la Technologie (Winnipeg); p. 37: gracieuseté de la Ville d'Edmonton; p. 37, p. 107 en haut: M. Herweier (Victoria); p. 37: Bruce Sekulich/gouvernement des T.N.-O.; p. 37, 85 à gauche: W. Towriss (Whitehorse); p. 39 en bas: ministère des Forêts, Colombie-Britannique; p. 42 en haut à gauche: Maynard Switzer; p. 42 en bas à droite: Canapress Photo Service/Ryan Remiorz; p. 42 au milieu à droite: Bob Anderson; p. 42 en haut à droite: Mir Lada; p. 43 au milieu à gauche: The Toronto Star/P. Gower; p. 43 en haut à gauche: Canada Wide Feature Services/The Toronto Sun/Bill Sandford; p. 55: ministère des Pêcheries et Océans, Région du Pacifique; p. 85 à droite: Katsunori Nagase/gouvernement des T.N.-O.; p. 85 en bas: Photo/Fred Bruemmer, Valan Photos; p. 87 en haut à gauche: gracieuseté de la Port Authority of New York and New Jersey; p. 87 en haut à droite: Greater Houston Chamber of Commerce; p. 87 en bas: San Francisco Convention and Visitors Bureau; p. 89: Conseil national du tourisme, Mexico; p. 91: © A. & J. Verkaik/ Skyart; p. 92: G. L. Palacky; p. 99 en haut à droite, p. 101 en bas: South African Tourism Board; p. 102: Canapress Photo; p. 106 à gauche: ACDI; p. 106 à droite: David Barbour © ACDI; p. 108, 109 (2): gracieuseté de Australian Tourist Commission; p. 111 (2): Ian W.D. Dalziel; p. 113 en haut à gauche, p. 122 (3), p. 123 en haut: ministère canadien des Affaires indiennes et du Nord; p. 113 en haut à droite: George Calef, gouvernement des T.N.-O.; p. 113 en bas: Lothar Dahlke/gouvernement des T.N.-O.; p. 121 à gauche. «West Coast Indians Returning from the Hunt», tableau de Thomas Mower Martin, collection du Glenbow Museum, Calgary, Alberta 56.27. 8; p. 121 à droite: Archives nationales du Canada C-33615, «A Buffalo Pound», dessin du lieutenant Back, gravé par Edw. Finden.

Table des matières

* Les modifications de frontières et de noms sont fréquentes de nos jours.
L'éditeur a tenu compte des plus récents changements.

Introduction aux cartes

Savez-vous d'où proviennent les cartes?

Pendant longtemps, soldats, marins, commerçants et voyageurs ont utilisé des cartes comme moyen de se remémorer les lieux visités ainsi que les routes d'aller et de retour. On s'étonne de constater l'exactitude de certaines cartes anciennes quand on sait quels outils utilisaient les cartographes de ces époques. Les cartes ont pris forme au fur et à mesure que les gens s'en sont servis pour se guider et elles ont gagné en précision avec les progrès de l'instrumentation cartographique.

Cela peut surprendre, mais de très anciennes cartes ont été tracées sur des feuilles de bouleau et sur des peaux d'animaux. D'autres ont été burinées sur des ossements ou sur du bois. On a par la suite utilisé le parchemin, le papyrus et le papier.

On désigne sous le nom d'**atlas** une collection de cartes rassemblées dans un même livre. L'habitude de relier ainsi une série de cartes a pris naissance à Rome, au seizième siècle. Cette innovation est attribuée à un certain Antonio La Friei, qui pouvait par ce moyen confectionner des collections particulières pour ses clients.

Atlas, le dieu de la mythologie grecque, a inspiré le nom retenu pour désigner ces répertoires de cartes. Lisez quelques légendes grecques si vous voulez comprendre pourquoi Atlas a été condamné à porter éternellement le monde sur ses épaules.

Se servir de l'atlas est un excellent moyen de se documenter sur des aspects intéressants et importants relatifs à la Terre et à ses habitants.

La Terre

Lors de leur premier atterrissage sur la Lune, les astronautes, en regardant la Terre, virent bien qu'elle était ronde et avait la forme d'une balle. Vue de la Lune, la Terre avait l'air d'un énorme globe multicolore, preuve encore une fois que la planète sur laquelle nous vivons est une sphère et qu'elle n'est pas plate comme on l'a cru autrefois. Les cartes, quant à elles, présentent une surface plane et elles fournissent nombre de renseignements sur les diverses parties de la Terre. Cependant, seul le globe représente avec exactitude l'étendue, la forme et l'emplacement des masses terrestres et maritimes.

Un grand nombre de sites particuliers paraissent sur un globe. Essayez d'y repérer les pôles Nord et Sud. Avez-vous réussi? À mi-chemin entre les pôles se trouve une ligne imaginaire appelée **équateur**. En suivant l'équateur, la distance autour de la Terre est d'environ 40 100 km. Il faudrait traverser sept fois le Canada pour parcourir pareille distance!

Le diamètre terrestre mesuré à l'équateur est approximativement de 12 757 km alors que le diamètre polaire, mesuré du nord au sud, est de 12 714 km. Ces mesures vous indiquent que la Terre n'est pas parfaitement ronde puisqu'elle est légèrement aplatie aux pôles. Compte tenu de l'ensemble de la masse terrestre, cet aplatissement est cependant si faible que personne ne remet en cause la rotondité de la Terre.

Les hémisphères

Quelle proportion du globe terrestre voyez-vous quand vous le tenez dans vos mains? Une moitié seulement. Cette moitié est un **hémisphère**, mot qui signifie «la demie d'une sphère». Peu importe la façon dont vous tenez le globe, il y a toujours deux hémisphères: celui que vous apercevez et celui que vous ne voyez pas.

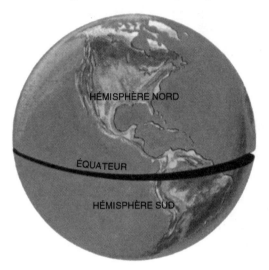

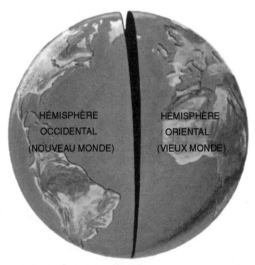

On peut imaginer un grand nombre d'hémisphères. En bougeant le globe, vous apercevez des moitiés différentes. Souvenez-vous, il y a toujours un côté opposé à celui que vous examinez. Rassemblés, deux hémisphères formeront toujours une sphère complète.

Si on le découpe en suivant l'équateur, le globe se sépare en deux moitiés: l'**hémisphère Nord** (ou boréal) et l'**hémisphère Sud** (ou austral). Séparé à travers les océans Atlantique et Pacifique, le globe se divise en deux: l'**hémisphère Est** (ou oriental) et l'**hémisphère Ouest** (ou occidental).

On distingue également l'hémisphère continental et l'hémisphère océanique. L'**hémisphère continental**, centré sur une ligne tracée entre Bruxelles et Paris, renferme près de 85 % de toutes les terres émergées de la planète. Le centre de l'**hémisphère océanique** se situe près de la Nouvelle-Zélande.

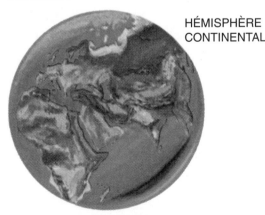

HÉMISPHÈRE
CONTINENTAL

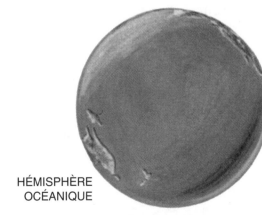

HÉMISPHÈRE
OCÉANIQUE

La latitude

Les distances, au nord et au sud de l'équateur, se mesurent en degrés de latitude. Localisez encore une fois l'équateur sur le globe. L'équateur est cette ligne imaginaire qui sépare le globe en deux moitiés entre le pôle Nord et le pôle Sud. D'autres lignes tracées de la même façon se trouvent au-dessus et au-dessous de l'équateur. Les apercevez-vous? Ces lignes, parallèles à l'équateur, portent le nom de **parallèles de latitude**.

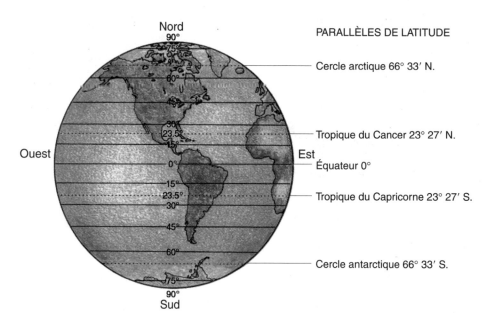

PARALLÈLES DE LATITUDE

Cercle arctique 66° 33′ N.

Tropique du Cancer 23° 27′ N.

Équateur 0°

Tropique du Capricorne 23° 27′ S.

Cercle antarctique 66° 33′ S.

Chacune des lignes parallèles de latitude est numérotée en degrés. Comme vous pouvez le voir, chaque nombre est suivi d'un N. ou d'un S., ce qui signifie que vous êtes en train de regarder soit dans l'hémisphère Nord, soit dans l'hémisphère Sud. La numérotation des parallèles passe de 0° à l'équateur, à 90° quand on se déplace vers le pôle Nord ou vers le pôle Sud. Les deux pôles sont respectivement à 90° de latitude N. et à 90° de latitude S. Aucun lieu ne se situe au-delà de 90° de latitude N. ou de 90° de latitude S. Pourquoi en est-il ainsi?

Tous les lieux situés sur un même parallèle sont à égale distance de l'équateur. Ainsi, lorsque la latitude d'un lieu est de 45° de latitude N., vous savez que cet endroit est à mi-chemin entre l'équateur et le pôle Nord. Il en va de même pour un endroit qui serait à mi-chemin entre l'équateur et le pôle Sud.

Un degré de latitude équivaut approximativement à 113 km. On peut donc, sur cette base et pour tout lieu dont on connaît la latitude, calculer sa distance de l'équateur. De plus, comme tous les points de même latitude sont directement orientés à l'est ou à l'ouest les uns des autres, les parallèles de latitude peuvent servir à établir la direction est-ouest.

Quelques parallèles portent un nom particulier. Ainsi en est-il du cercle arctique et du tropique du Cancer qui se situent au nord de l'équateur. Au sud, on note le cercle antarctique et le tropique du Capricorne.

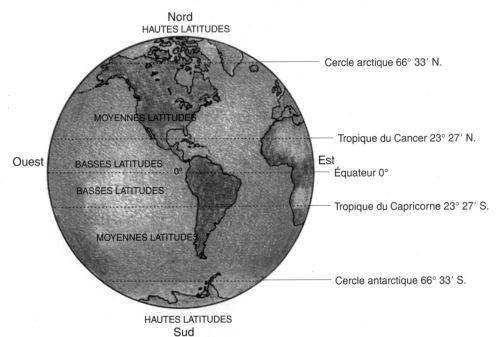

Nord
HAUTES LATITUDES

Cercle arctique 66° 33′ N.

MOYENNES LATITUDES

Tropique du Cancer 23° 27′ N.

Ouest BASSES LATITUDES Est

0° Équateur 0°

BASSES LATITUDES

Tropique du Capricorne 23° 27′ S.

MOYENNES LATITUDES

Cercle antarctique 66° 33′ S.

HAUTES LATITUDES
Sud

Les parallèles servent également à subdiviser la Terre en zones de **basses**, **moyennes** et **hautes latitudes**.

La longitude

Afin de bien localiser les divers points de la surface terrestre, on trace un second ensemble de lignes sur les cartes ou sur le globe. Ces lignes courent du pôle Nord au pôle Sud, et on les appelle **méridiens de longitude**. Contrairement aux lignes de latitude, les méridiens ne sont pas parallèles entre eux et ils se rejoignent aux pôles. Observez sur le globe que chacun des méridiens a la même longueur que tous les autres.

MÉRIDIENS DE LONGITUDE
Pôle Nord

Greenwich

90° 90°
75° 60° 45° 30° 15° 0° 15° 30° 45° 60° 75°

Pôle Sud

Pour différencier les méridiens, les cartographes ont convenu d'attribuer le numéro 0 à l'un d'eux. Si vous suivez la ligne numérotée 0 avec votre doigt, vous verrez qu'elle traverse Greenwich, en Angleterre: on l'appelle **méridien d'origine**. Le méridien qui lui correspond sur la face opposée du globe (180°) porte le nom de **Ligne internationale de changement de date**. Ces deux méridiens divisent la Terre en hémisphères Est et Ouest.

En tournant le globe dans vos mains, vous notez que les méridiens de longitude sont eux aussi numérotés en degrés. Ils mesurent les distances en degrés Est ou Ouest à partir du méridien d'origine. À l'est du méridien d'origine, on compte jusqu'à 180° de longitude E., alors que, dans la direction ouest, on va jusqu'à 180° de longitude O.

On appelle **quadrillage** le réseau de lignes entrecroisées que forment les parallèles de latitude et les méridiens de longitude. Lorsqu'on connaît les **coordonnées géographiques** d'un lieu donné, c'est-à-dire sa latitude et sa longitude, on peut le localiser exactement au point de rencontre de ces coordonnées.

On peut trouver la position approximative d'un lieu même s'il ne se trouve pas exactement au point de rencontre des parallèles et des méridiens. Lorsqu'on énonce la position géographique d'un lieu, on cite toujours la latitude avant la longitude. **La localisation s'exprime par la latitude et par la longitude.**

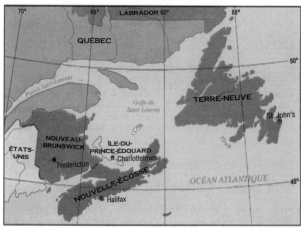

L'index

Placée à la fin de l'atlas, une section renferme la liste de tous les noms paraissant sur les cartes de ce livre. Ce répertoire des noms de lieux constitue l'**index**. On y trouve toutes les indications permettant la localisation des lieux. Les noms sont classés suivant l'ordre alphabétique. Voyez si vous y trouvez d'autres renseignements.

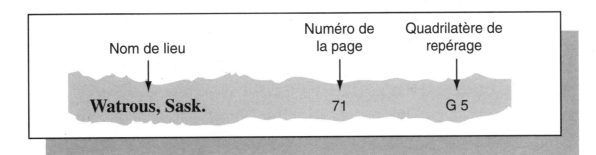

Nom de lieu	Numéro de la page	Quadrilatère de repérage
Watrous, Sask.	71	G 5

Cherchez dans l'index le nom du lieu où vous habitez. À l'aide des renseignements obtenus, localisez ce lieu sur une carte de l'atlas. Répétez l'exercice à partir de localités que vous connaissez ou que vous avez déjà visitées.

Les grands cercles

Chacun des cercles tracés autour du globe le sépare en deux hémisphères: ces lignes portent le nom de grands cercles. La route la plus courte entre deux points quelconques de la surface de la Terre est toujours celle qui suit le grand cercle sur lequel ces deux points se trouvent. On donne le nom de **route de grand cercle** à des voies de circulation fondées sur le tracé d'un grand cercle.

Les navires se guident souvent sur le cours d'un grand cercle afin d'atteindre leur destination par la voie la plus courte possible. Les avions peuvent également survoler les routes de grand cercle sauf dans le cas où certains États s'y opposent.

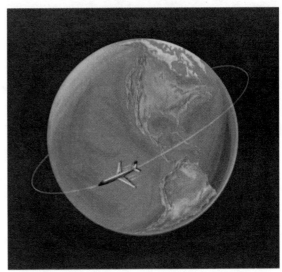

L'heure

À chaque période de vingt-quatre heures, la Terre effectue une rotation complète, de l'ouest vers l'est. Elle tourne autour d'une ligne imaginaire qui, en passant par son centre, rejoint le pôle Nord et le pôle Sud. Cette ligne s'appelle l'**axe** de la Terre.

Le Soleil nous fournit chaleur et lumière. Durant la rotation de la Terre sur son axe, la partie exposée au Soleil est à la fois réchauffée et éclairée: c'est alors le jour. Quant à la partie alors opposée au Soleil, elle connaît la fraîcheur et la noirceur: c'est la nuit.

Est-il vrai que le Soleil «se lève à l'est et se couche à l'ouest»? Non. Le Soleil, en effet, ne bouge pas. C'est la rotation d'ouest en est de la Terre sur son axe qui explique ce mouvement apparent du Soleil. C'est à l'ouest que le Soleil disparaît de l'horizon puisque la Terre s'en détourne.

Il n'est pas midi partout au même moment, étant donné que la Terre tourne sur son axe. Sa rotation est de 360° pour chaque période de vingt-quatre heures, soit 15° pour chacune des heures. Il sera midi chez vous une heure plus tard que si vous habitiez quinze degrés plus à l'est.

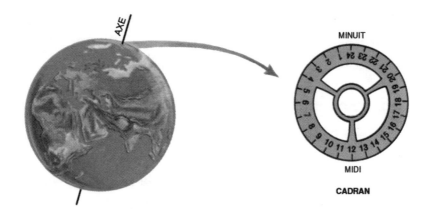

La confusion serait inévitable si chaque endroit utilisait sa propre heure. C'est pourquoi on a établi des **fuseaux horaires** à l'intérieur desquels tous utilisent la même heure. Il existe vingt-quatre fuseaux horaires, chacun correspondant à 15 degrés de longitude.

Les limites des fuseaux horaires ne se confondent pas toujours avec les méridiens et elles correspondent souvent aux frontières de pays, de provinces et d'États.

La carte suivante illustre les fuseaux horaires du Canada.

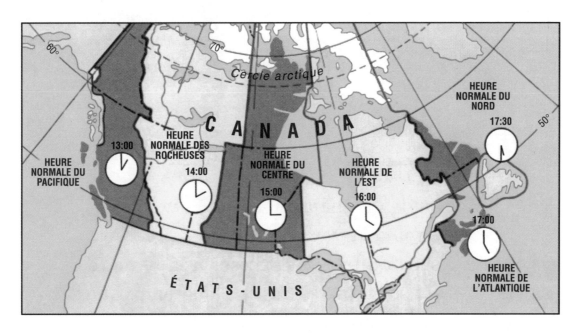

Le changement des saisons

Pendant que la Terre effectue sa translation autour du Soleil, le plan de l'équateur terrestre maintient une inclinaison constante de 23,5° par rapport à celui de l'orbite. C'est pourquoi la durée du réchauffement et celle de la lumière solaire varient d'un endroit à l'autre. Ainsi s'explique la succession annuelle des saisons.

Durant l'été, l'hémisphère Nord est exposé aux rayons directs du Soleil. Il en résulte des journées à la fois plus longues et plus chaudes. Les conditions sont inverses pendant l'hiver, alors que l'hémisphère Nord est moins longtemps éclairé par les rayons obliques du Soleil. Les journées sont alors plus courtes et plus froides. Les saisons intermédiaires, printemps et automne, se produisent lorsque se réalisent les positions moyennes entre les extrêmes de l'été et de l'hiver.

Il faut noter que les saisons sont exactement à l'opposé dans l'hémisphère Sud. Voyez, en utilisant le globe terrestre, comment s'explique cette situation.

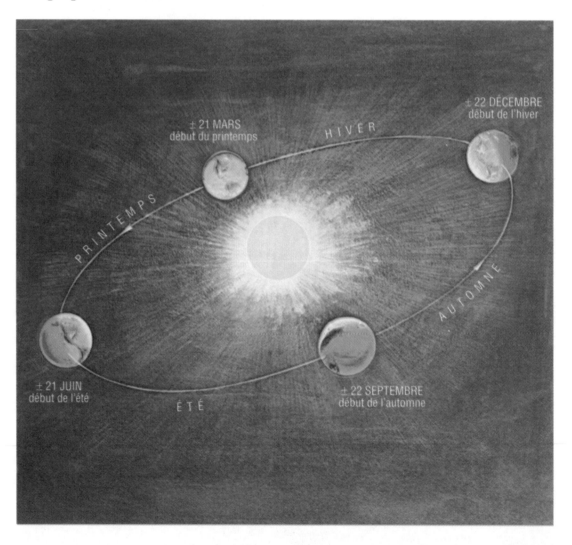

La Terre et la Lune

La nuit, la Lune est le corps le plus brillant dans le ciel. Pour une personne qui l'observe depuis la Terre, elle semble aussi grande que le Soleil. En fait, elle nous apparaît si grande parce qu'elle est beaucoup plus proche de nous que le Soleil. La distance de la Terre à la Lune est d'environ 384 400 km. Elle est à peu près 10 fois la circonférence de la Terre.

Si on observe attentivement la Lune, on peut voir qu'elle tourne autour de la Terre d'ouest en est, et les parties éclairées de la Lune changent relativement au mouvement de révolution. Ces changements sont appelés les **phases** de la Lune.

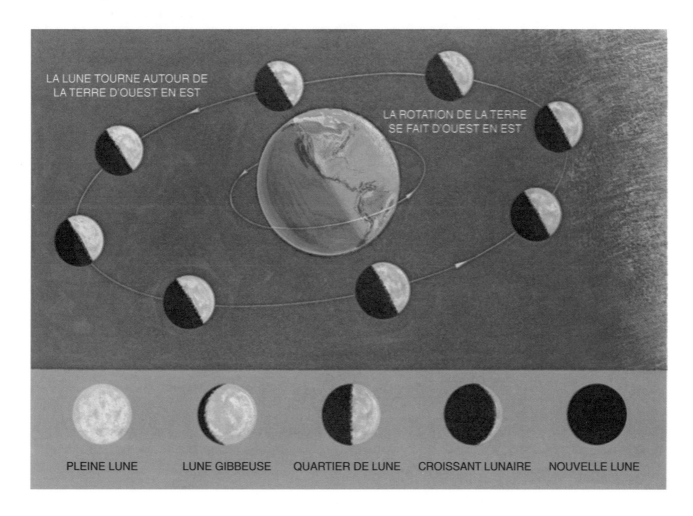

LA LUNE TOURNE AUTOUR DE LA TERRE D'OUEST EN EST

LA ROTATION DE LA TERRE SE FAIT D'OUEST EN EST

PLEINE LUNE   LUNE GIBBEUSE   QUARTIER DE LUNE   CROISSANT LUNAIRE   NOUVELLE LUNE

La cartographie

Toute carte géographique est une représentation figurée de la surface entière de la Terre ou de l'une de ses parties, comme si on les observait du haut des airs. Les cartes visent à présenter sur un plan les aspects naturels et les traces d'occupation humaine de la Terre. Seul le globe peut reproduire avec exactitude les masses terrestres et les étendues maritimes, mais on sait fort bien que son utilisation est beaucoup moins commode que celle de la carte. Traîneriez-vous un globe terrestre chaque fois que vous partez en voyage avec votre famille!

Les cartographes ont essayé diverses façons de dessiner la surface sphérique de la Terre sur une feuille de papier posée à plat. Quelle que soit la méthode utilisée, ils ont constaté qu'on ne peut reproduire à plat la surface courbe de la Terre sans entraîner des modifications à la forme des continents.

Le globe est l'unique moyen de représenter la Terre à une échelle exacte. La figure ci-contre illustre une manière de construire une carte. Si on découpe un globe en suivant les lignes de latitude et de longitude pour ensuite étendre le résultat du découpage, on obtient une sorte de carte.

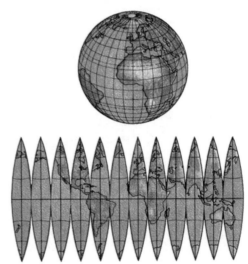

Les projections cartographiques

Toute méthode utilisée pour transposer sur une feuille de papier l'information indiquée sur un globe s'appelle une **projection cartographique**.

Il en existe plusieurs sortes, chacune étant conçue pour une fin particulière. Les figures de la page 13 en illustrent trois types: la projection de **Robinson**, celle de **Mercator** et celle de **Peters**. Les cartographes ont souvent recours aux mathématiques pour élaborer une projection. Voyez dans chacune des illustrations à quel point la forme de chacune des masses continentales diffère de celle qu'on observe sur le globe. Ces déformations s'appellent des **distorsions**. Aucune technique ne permet de réaliser une carte sans quelque distorsion.

Projection

Projection de Robinson

La National Geographic Society (Washington) utilise cette projection dont la distorsion pour la plus grande partie des continents est inférieure à 20 pour cent.

Projection de Mercator

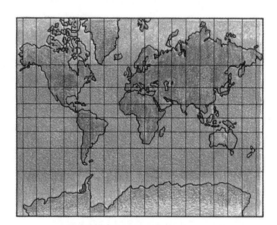

Navigateurs et pilotes d'avion préfèrent cette projection parce que des lignes parfaitement droites, et non pas courbes, représentent les routes de grand cercle. Notez l'exagération croissante des superficies continentales à mesure qu'on s'éloigne de l'équateur vers le nord ou vers le sud.

Projection de Peters

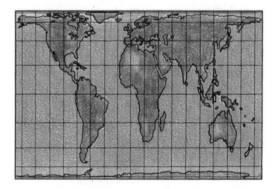

Les Nations Unies se servent de cette projection qui montre clairement les pays en voie de développement. Si la superficie des pays est exacte, on doit cependant noter la distorsion des contours.

En examinant cet atlas, on peut noter certaines différences d'une carte à l'autre. Ainsi, tout en utilisant la même projection, on observe des distorsions plus importantes sur les cartes représentant de vastes territoires (page 28 par exemple) que sur les cartes de régions plus petites (page 71). Comment expliquer cela?

Aucune projection ne peut respecter parfaitement et simultanément les quatre exigences cartographiques suivantes: la superficie, la forme, la distance et l'orientation. Seul le globe terrestre en est capable.

La lecture des cartes

Il existe plusieurs sortes de cartes. Certaines, conçues pour localiser divers endroits à travers le monde, sont dites **cartes générales**. D'autres cartes fourniront des renseignements spécifiques sur des sujets comme les voies de communication ou la végétation propre à certaines régions: on les appelle **cartes thématiques**. Le contenu d'une carte thématique s'interprète généralement à l'aide de couleurs et de symboles, souvent appelés cartogrammes. Voir page 36 pour un exemple de carte générale, et page 45 pour une carte thématique. Trouvez d'autres exemples.

Échelle

Il est pratiquement impossible de réaliser une carte de mêmes dimensions que le terrain représenté. Quelle étendue de papier il faudrait pour cartographier votre ville ou votre village! Voilà pourquoi toutes les cartes sont dessinées à l'**échelle**. Une certaine distance sur la carte correspond à une distance, beaucoup plus grande évidemment, sur le terrain. Toute carte géographique comporte une échelle pour faciliter l'appréciation des distances.

Différentes échelles sont utilisées en cartographie. Telle carte montrera, par exemple, une superficie deux fois plus grande que telle autre. Pour que l'ensemble du Canada paraisse sur une seule page d'atlas, il faut nécessairement le dessiner à petite échelle. Sur une page de même dimension, on pourra représenter un territoire plus petit, le Manitoba par exemple, à une plus grande échelle, et donc avec plus de détails. Examinez le Manitoba aux pages 36 et 69 de l'atlas. Quelles différences pouvez-vous noter? Quelle est l'échelle de chacune des cartes?

Diverses méthodes permettent d'exprimer l'échelle. Dans le cas de l'**échelle graphique**, on divise une règle ou une simple ligne en plusieurs segments dont chacun représente une distance précise sur le terrain. L'**échelle fractionnelle** est le rapport entre l'unité de distance sur la carte et le nombre d'unités semblables sur le terrain. Ainsi, dans le cas d'une région cartographiée au quart des distances véritables, l'échelle est de 1:4. Une échelle de 1:1 000 signifie qu'une unité de distance sur la carte correspond à mille unités semblables sur le terrain. La troisième méthode pour exprimer l'échelle est le simple énoncé: on dira, par exemple, que l'échelle est de *dix kilomètres au centimètre* ou encore: *un centimètre représente dix kilomètres.*

À première vue, les échelles graphiques ont des airs de ressemblance. Tel segment qui représente 10 km sur une carte en représentera 1000 sur une autre. Il faut donc porter attention à l'échelle pour interpréter les cartes. Faites l'inventaire des diverses échelles graphiques utilisées dans l'atlas.

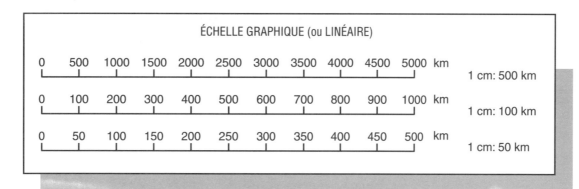

Légende

Les cartes fournissent une foule de renseignements. Pour connaître le sujet qu'elle traite, il faut lire attentivement le titre de chaque carte. Le titre renseigne sur la région ou le territoire cartographié ainsi que sur la nature des phénomènes. De son côté, la **légende** explique le sens des symboles utilisés.

Chaque **couleur** a une signification précise sur une carte, ce qui ne signifie cependant pas que la même couleur a toujours le même sens sur toutes les autres cartes. Il faut bien lire la légende des couleurs propres à chaque carte.

La légende identifie les **symboles** qui représentent les objets cartographiés. Ceux-ci peuvent être des accidents géographiques, comme une rivière ou un lac, ou des caractéristiques du milieu humain, comme une route ou une usine de pâtes et papiers.

Les symboles peuvent signifier des choses différentes suivant les cartes, tout comme pour les couleurs. Il est essentiel de bien décoder la légende si on veut découvrir les renseignements propres à chaque carte.

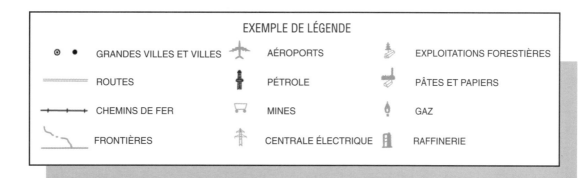

Altitude

L'altitude est la hauteur verticale de la surface terrestre mesurée à partir du niveau moyen de la mer. Elle s'exprime généralement en mètres. Les courbes de niveau sont la meilleure façon de représenter le relief sur une carte: il s'agit de lignes qui réunissent tous les points cotés d'égale altitude. L'espacement entre les courbes de niveau renseigne sur la nature de la pente. Plus les courbes sont rapprochées, plus la pente est raide; plus elles sont éloignées, plus la pente est douce.

L'examen des figures suivantes permet de découvrir des différences d'altitude et de forme des terrains. Les **basses-terres** sont à peine plus élevées que le niveau de la mer. Les **hauts plateaux** et les **montagnes** sont les zones les plus élevées. Entre ces extrêmes se trouvent des **plaines** et des **plateaux de moyenne altitude**. La figure ci-dessous est la représentation cartographique du paysage esquissé ci-contre.

MONTAGNES ET HAUTS PLATEAUX

PLAINES ET PLATEAUX DE MOYENNE ALTITUDE

BASSES-TERRES ET PLAINES LITTORALES

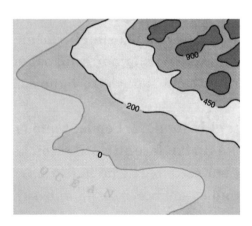

La couleur peut servir à traduire le relief. Dans cet atlas, le vert couvre les espaces dont l'altitude se situe entre 0 m, le niveau de la mer, et 200 m. Le jaune est utilisé pour les terrains dont l'altitude varie entre 200 m et 450 m. On colorie en bistre les zones situées entre 450 m et 900 m. De quelle couleur se sert-on pour indiquer les reliefs qui dépassent 900 m?

Orientation

On croit souvent, à tort, que le vrai nord se trouve toujours dans le haut des cartes. Ce n'est pas le cas. C'est pourquoi la plupart des cartes comportent un symbole spécial qui indique la **direction** du nord. Voici celui qui est utilisé dans cet atlas.

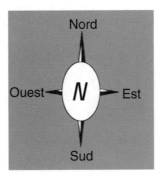

Une fois le nord connu, on peut s'orienter dans toutes les directions. Quand on fait face au nord, le sud se trouve dans la direction opposée, l'est à droite. Où est l'ouest?

Les coordonnées géographiques permettent de s'orienter facilement. Les parallèles de latitude sont, en effet, toujours orientés dans la direction est-ouest. Quant aux méridiens de longitude, ils s'étirent dans la direction nord-sud.

Résumé

Les cartes géographiques renseignent sur les gens et les lieux qu'ils habitent. Avec une forme identique à celle de la Terre, le globe en est la seule représentation exacte. On rassemble dans les atlas des cartes du monde et de ses parties.

Les distances, les formes et les superficies terrestres sont forcément déformées lorsqu'on les projette sur un plan. Aussi bien sur les globes que sur les cartes, les lignes de latitude et de longitude permettent de s'orienter.

Toute carte comporte un titre et une légende favorisant sa lecture. Le sens des couleurs et des symboles devient ainsi explicite. Toute carte a également une échelle.

TERMINOLOGIE GÉOGRAPHIQUE
LA RÉGION REPRÉSENTÉE ILLUSTRE LES ACCIDENTS LES PLUS COURANTS DE L'ÉCORCE TERRESTRE.

SOMMET

MONTAGNES

COL

LIGNE DE PARTAGE DES EAUX

VALLÉE

PENTE

Rivière

BASSES-TERRES
COLLINE

PÉNINSULE

Littoral

Delta

PIÉMONT

Ruisseau

Lac

Anse

Baie

Affluent

Ville

Ruisseau

Chemin de fer

Route

Fleuve

GRANDE VILLE

Cap

Détroit

Archipel

BASSIN
HYDROGRAPHIQUE

Lagune

Pont

Pont

Ville

Port

Autoroute

Canal

PLAINE

Récif

Marécage

Ruisselet

Village

Aéroport

Embouchure

Route

Plage

Isthme

Baie

Phare

Cap

Rochers

Détroit

Golfe

Falaise

Promontoire

ÎLE

Rochers

MER

Montagnes

Piémont

Basses-terres

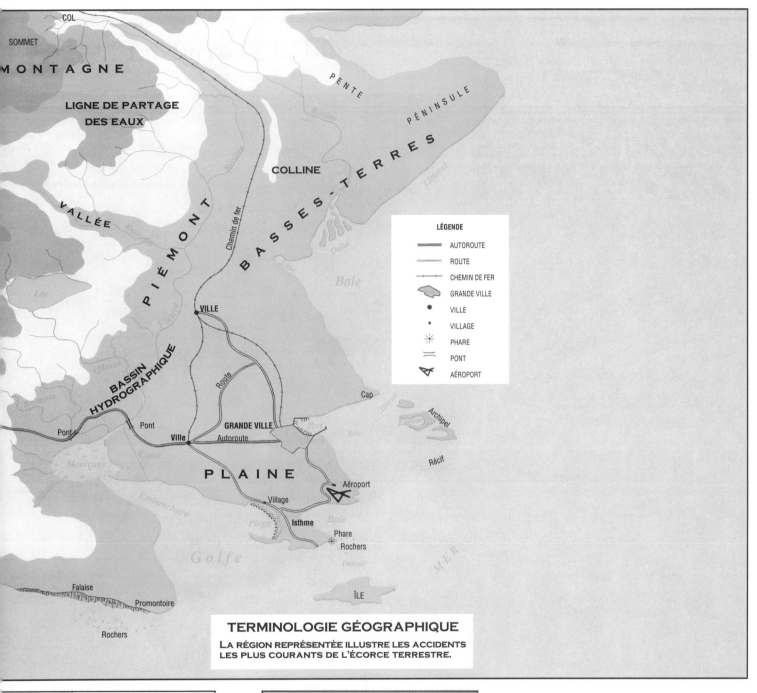

COL

SOMMET

MONTAGNE

LIGNE DE PARTAGE
DES EAUX

PENTE

PÉNINSULE

Rivière

COLLINE

BASSES-TERRES

VALLÉE

PIÉMONT

Chemin de fer

Rivière

Delta

Baie

Lac

Fleuve

VILLE

BASSIN
HYDROGRAPHIQUE

Route

Affluent

Cap

Archipel

Détroit

Ruisseau

Pont

Pont

Ville

Autoroute

GRANDE VILLE

Port

Baie

Récif

PLAINE

Canal

Marécage

Aéroport

Embouchure

Village

Plage

Isthme

Baie

Phare

Rochers

Golfe

Détroit

MER

Falaise

Promontoire

ÎLE

Rochers

LÉGENDE

	AUTOROUTE
	ROUTE
	CHEMIN DE FER
	GRANDE VILLE
	VILLE
	VILLAGE
	PHARE
	PONT
	AÉROPORT

TERMINOLOGIE GÉOGRAPHIQUE
LA RÉGION REPRÉSENTÉE ILLUSTRE LES ACCIDENTS
LES PLUS COURANTS DE L'ÉCORCE TERRESTRE.

Plaine

Vallée

Rivière

Le Monde
CARTE POLITIQUE

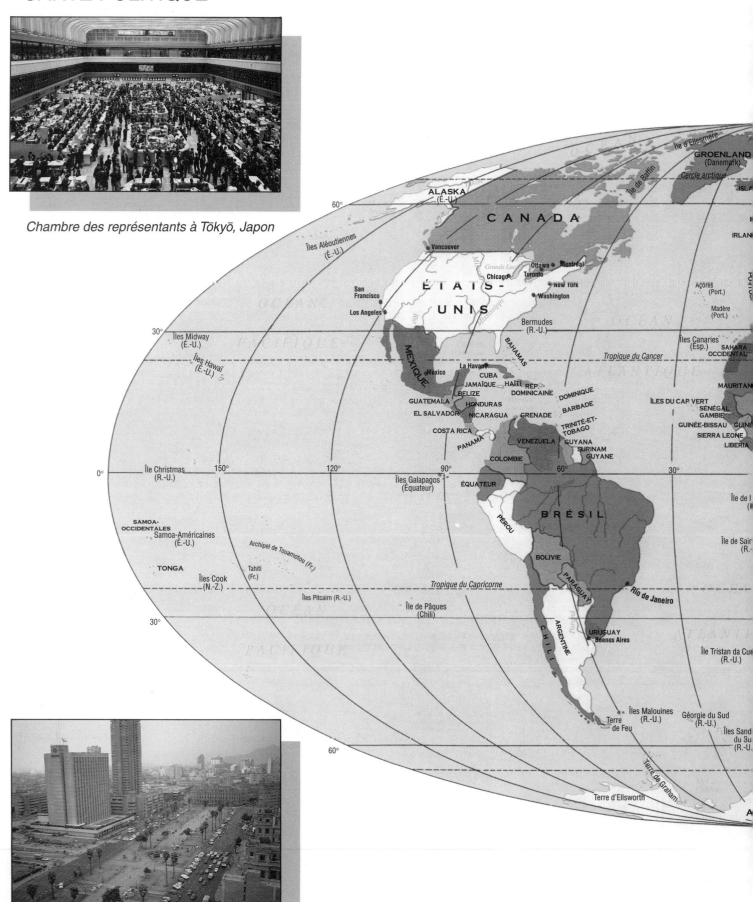

Chambre des représentants à Tōkyō, Japon

Place centrale de Lima, Pérou

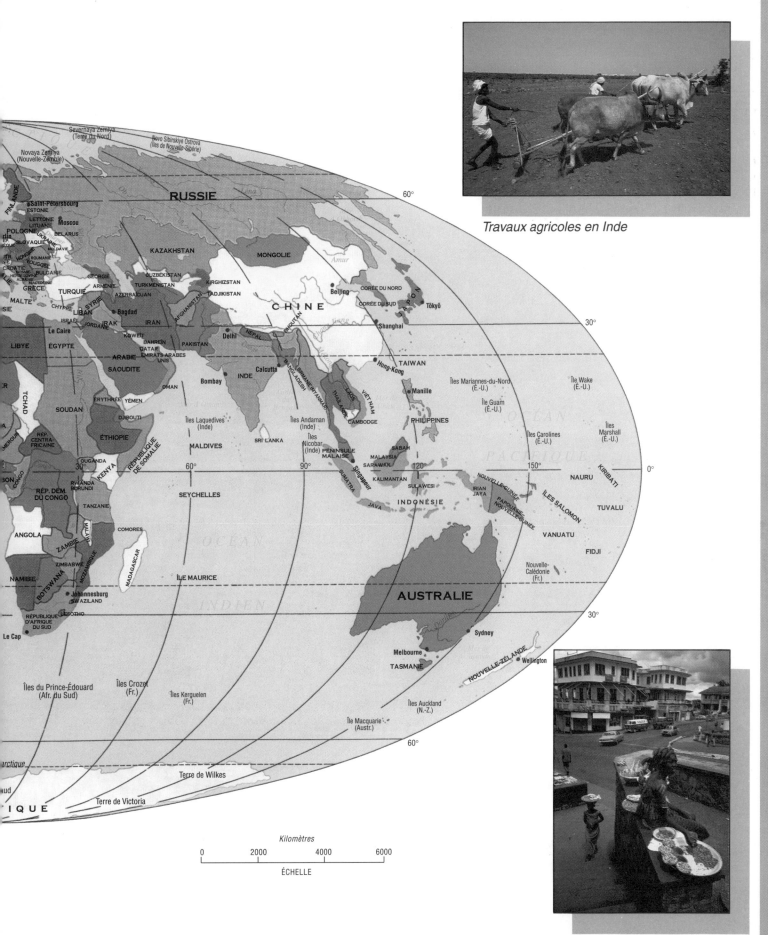

Travaux agricoles en Inde

RUSSIE

Severnaya Zemlya
(Terre du Nord)

Novo Sibirskiye Ostrova
(Îles de Nouvelle-Sibérie)

Novaya Zemlya
(Nouvelle-Zemble)

FINLANDE
Saint-Pétersbourg
ESTONIE
LETTONIE
LITUANIE Moscou
POLOGNE BELARUS
rin
ÉP. SLOVAQUIE UKRAINE
NIE MOLDAVIE
TR. HONGRIE ROUMANIE
CROATIE YOUGOSL.
BOSN. BULGARIE
HERZEGOVINE MACEDOINE
ALBANIE
GRÈCE
MALTE
SIE
KAZAKHSTAN
MONGOLIE
Amur
OUZBEKISTAN
GEORGIE KIRGHIZSTAN
TURQUIE ARMENIE TURKMENISTAN
AZERBAÏDJAN TADJIKISTAN
CHYPRE SYRIE
LIBAN Bagdad AFGHANISTAN
ISRAËL IRAK IRAN
JORDANIE
Le Caire KOWEÏT Delhi
ÉGYPTE BAHREÏN NEPAL
QATAR PAKISTAN
LIBYE ARABIE ÉMIRATS ARABES
SAOUDITE UNIS
TCHAD OMAN
SOUDAN YÉMEN
ÉRYTHRÉE
DJIBOUTI Bombay INDE Calcutta
ÉTHIOPIE Îles Laquedives
(Inde)
CAMEROUN RÉP. MALDIVES SRI LANKA
CENTRA-
FRICAINE OUGANDA RÉPUBLIQUE
BON KENYA DE SOMALIE
CONGO RWANDA
BURUNDI
RÉP. DÉM.
DU CONGO TANZANIE SEYCHELLES
ANGOLA ZAMBIE MALAWI
COMORES
ZIMBABWE MADAGASCAR
NAMIBIE MOZAMBIQUE
BOTSWANA ÎLE MAURICE
Johannesburg
SWAZILAND
RÉPUBLIQUE LESOTHO
D'AFRIQUE
DU SUD
Le Cap

CHINE
Beijing CORÉE DU NORD
CORÉE DU SUD Tōkyō
Shanghai
TAIWAN
Hong-Kong
BIRMANIE/MYANMAR
BANGLADESH
LAOS VIÊT NAM Manille
THAÏLANDE
Îles Andaman CAMBODGE PHILIPPINES
(Inde)
Îles
Nicobar PÉNINSULE
(Inde) MALAISE SABAH
MALAYSIA
SARAWAK
Singapour KALIMANTAN SULAWESI
SUMATRA IRIAN
JAYA
JAVA INDONÉSIE

Îles Mariannes-du-Nord
(É.-U.)
Île Guam
(É.-U.)
Îles Carolines
(É.-U.)

Île Wake
(É.-U.)
Îles
Marshall
(É.-U.)

NAURU KIRIBATI
ILES SALOMON TUVALU
NOUVELLE-GUINÉE
PAPOUASIE-
NOUVELLE-GUINÉE VANUATU
FIDJI
Nouvelle-
Calédonie
(Fr.)

OCÉAN PACIFIQUE

AUSTRALIE
Sydney
Melbourne
TASMANIE Wellington
NOUVELLE-ZÉLANDE

60°
30°
0°
30°
60°
30°
60°
90°
120°
150°

OCÉAN INDIEN

Îles du Prince-Édouard
(Afr. du Sud)
Îles Crozet
(Fr.)
Îles Kerguelen
(Fr.)
Île Macquarie
(Austr.)
Îles Auckland
(N.-Z.)

ntarctique
ud
TIQUE Terre de Wilkes
Terre de Victoria

Kilomètres

0   2000   4000   6000

ÉCHELLE

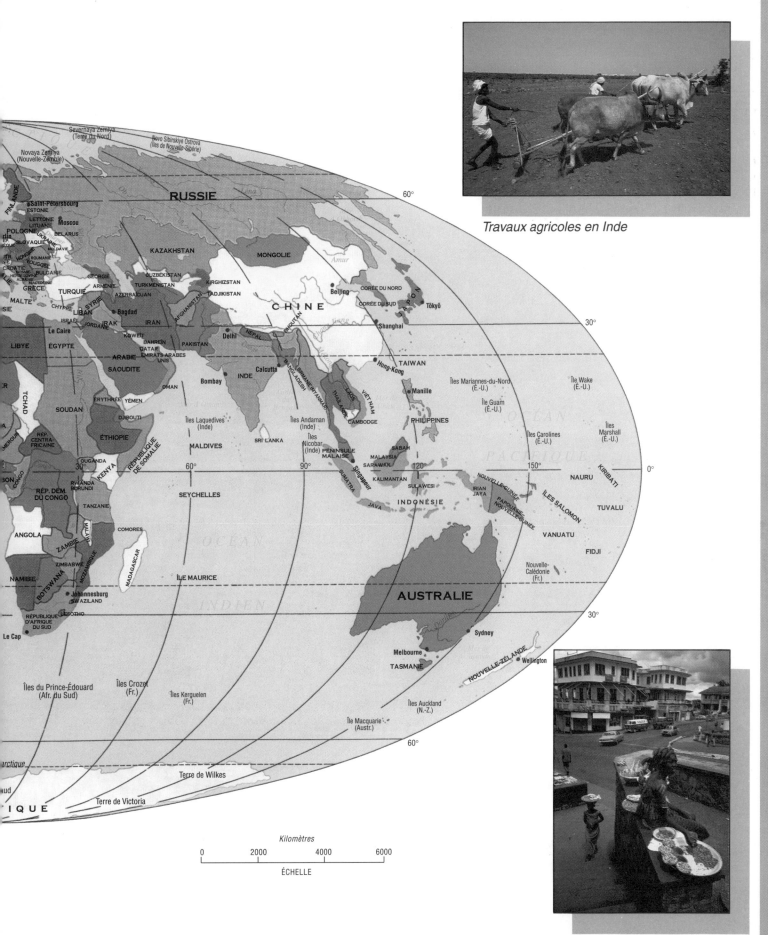

Accra, capitale du Ghana

Le Monde
CARTE PHYSIQUE

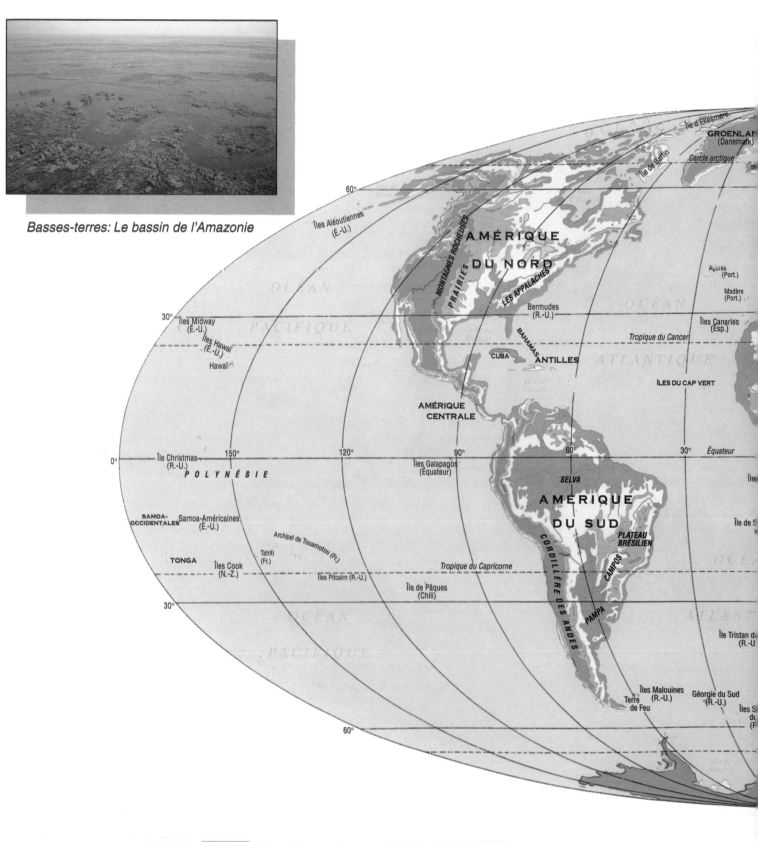

Basses-terres: Le bassin de l'Amazonie

Île d'Ellesmere
GROENLAND
(Danemark)
Île de Baffin
Cercle arctique

60°

Îles Aléoutiennes
(É.-U.)

AMÉRIQUE
DU NORD

Açores
(Port.)

Madère
(Port.)

Bermudes
(R.-U.)

Îles Canaries
(Esp.)

OCÉAN

30° Îles Midway
(É.-U.)

Tropique du Cancer

OCÉAN

PACIFIQUE

Îles Hawaï
(É.-U.)

Hawaï

CUBA
ANTILLES
ATLANTIQUE

ÎLES DU CAP VERT

AMÉRIQUE
CENTRALE

0° Île Christmas
(R.-U.)

150°

120°

90°

Îles Galapagos
(Équateur)

60°

30° *Équateur*

POLYNÉSIE

SELVA

AMÉRIQUE
DU SUD

SAMOA-
OCCIDENTALES
Samoa-Américaines
(É.-U.)

Archipel de Touamotou (Fr.)

PLATEAU
BRÉSILIEN

TONGA
Tahiti
(Fr.)
Îles Cook
(N.-Z.)

Tropique du Capricorne

CAMPOS

Îles Pitcairn (R.-U.)

Île de Pâques
(Chili)

PAMPA

30°

OCÉAN

PACIFIQUE

Île Tristan da
(R.-U.)

Îles Malouines
(R.-U.)
Géorgie du Sud
(R.-U.)

Terre
de Feu

60°

MONTAGNES ROCHEUSES
PRAIRIES
LES APPALACHES
BAHAMAS
CORDILLÈRE DES ANDES

Basses-terres (0 m à 200 m)	Plaines et plateaux de moyenne altitude (200 m à 450 m)	Hauts plateaux et montagnes (Plus de 450 m)

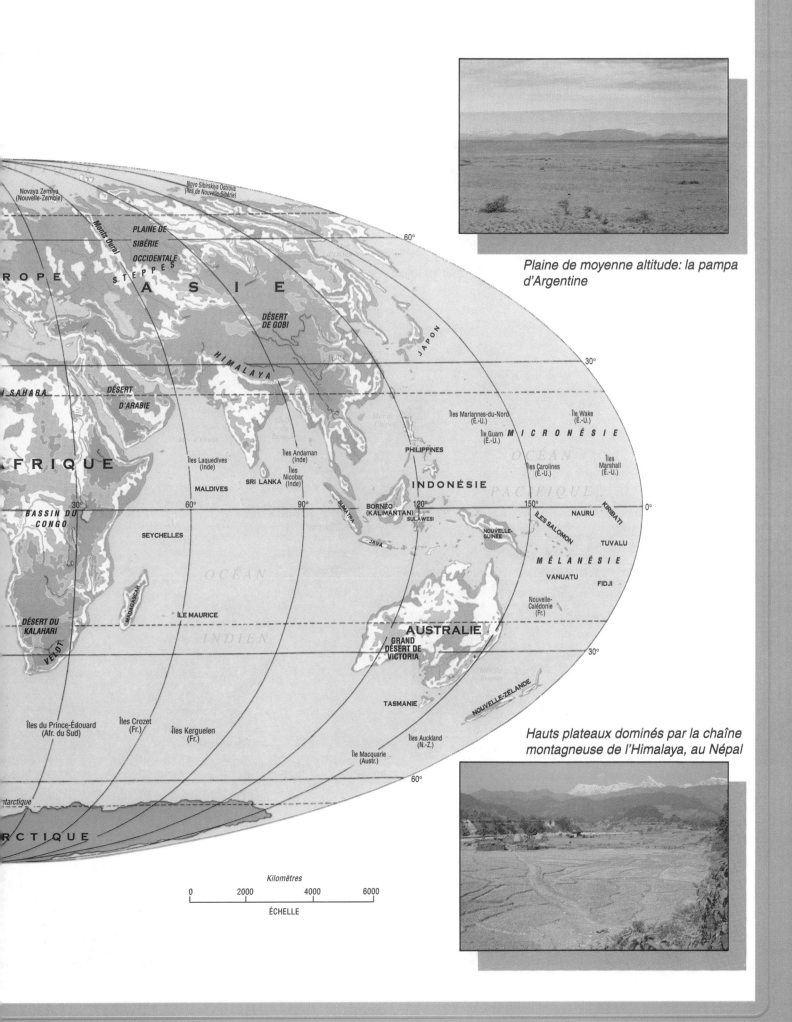

Plaine de moyenne altitude: la pampa d'Argentine

Hauts plateaux dominés par la chaîne montagneuse de l'Himalaya, au Népal

Novaya Zemlya
(Nouvelle-Zemble)

Novo Sibirskiye Ostrova
(Îles de Nouvelle-Sibérie)

Monts Oural

PLAINE DE
SIBÉRIE
OCCIDENTALE

STEPPES

ROPE

ASIE

DÉSERT
DE GOBI

HIMALAYA

JAPON

SAHARA

DÉSERT
D'ARABIE

Mer de Chine

Îles Mariannes-du-Nord
(É.-U.)

Île Wake
(É.-U.)

Île Guam
(É.-U.)

MICRONÉSIE

PHILIPPINES

OCÉAN

AFRIQUE

Îles Laquedives
(Inde)

Îles Andaman
(Inde)

Îles
Nicobar
(Inde)

INDONÉSIE

PACIFIQUE

Îles Carolines
(É.-U.)

Îles
Marshall
(É.-U.)

MALDIVES

SRI LANKA

SUMATRA

BORNÉO
(KALIMANTAN)

SULAWESI

NAURU

KIRIBATI

0°

BASSIN DU
CONGO

30°

60°

90°

120°

150°

ÎLES SALOMON

TUVALU

SEYCHELLES

NOUVELLE-
GUINÉE

MÉLANÉSIE

JAVA

VANUATU

FIDJI

OCÉAN

MADAGASCAR

Nouvelle-
Calédonie
(Fr.)

ÎLE MAURICE

DÉSERT DU
KALAHARI

INDIEN

AUSTRALIE

GRAND
DÉSERT DE
VICTORIA

Mer de
Tasman

VELDT

30°

TASMANIE

NOUVELLE-ZÉLANDE

Îles du Prince-Édouard
(Afr. du Sud)

Îles Crozet
(Fr.)

Îles Kerguelen
(Fr.)

Îles Auckland
(N.-Z.)

Île Macquarie
(Austr.)

60°

ntarctique

RCTIQUE

Kilomètres

0   2000   4000   6000

ÉCHELLE

Le Monde
VÉGÉTATION

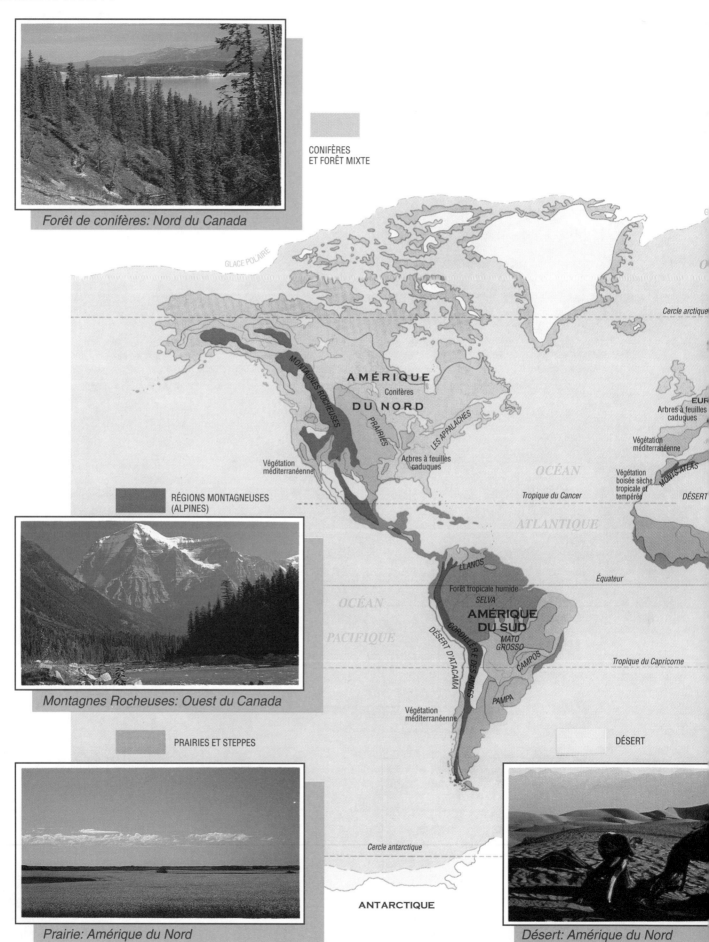

Forêt de conifères: Nord du Canada

CONIFÈRES
ET FORÊT MIXTE

RÉGIONS MONTAGNEUSES
(ALPINES)

Montagnes Rocheuses: Ouest du Canada

PRAIRIES ET STEPPES

Prairie: Amérique du Nord

Désert: Amérique du Nord

DÉSERT

GLACE POLAIRE

Cercle arctique

AMÉRIQUE
DU NORD

Conifères

MONTAGNES ROCHEUSES

PRAIRIES

LES APPALACHES

Arbres à feuilles
caduques

Végétation
méditerranéenne

OCÉAN

ATLANTIQUE

Tropique du Cancer

EUR

Arbres à feuilles
caduques

Végétation
méditerranéenne

Végétation
boisée sèche
tropicale et
tempérée

MONTS ATLAS

DÉSERT

OCÉAN

PACIFIQUE

LLANOS

Forêt tropicale humide

SELVA

AMÉRIQUE
DU SUD

DÉSERT D'ATACAMA

CORDILLÈRE DES ANDES

MATO
GROSSO

CAMPOS

Équateur

Tropique du Capricorne

PAMPA

Végétation
méditerranéenne

Cercle antarctique

ANTARCTIQUE

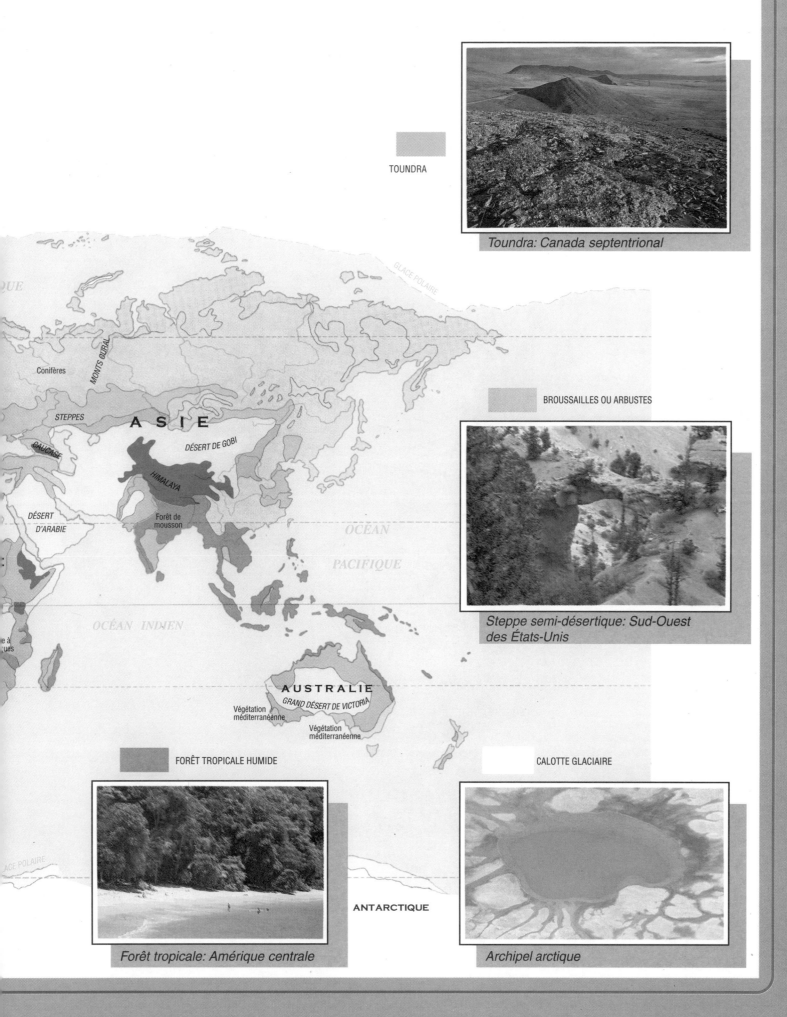

TOUNDRA

Toundra: Canada septentrional

GLACE POLAIRE

Conifères

MONTS OURAL

STEPPES

A S I E

CAUCASE

DÉSERT DE GOBI

HIMALAYA

DÉSERT
D'ARABIE

Forêt de
mousson

OCÉAN

PACIFIQUE

OCÉAN INDIEN

BROUSSAILLES OU ARBUSTES

Steppe semi-désertique: Sud-Ouest
des États-Unis

AUSTRALIE

GRAND DÉSERT DE VICTORIA

Végétation
méditerranéenne

Végétation
méditerranéenne

FORÊT TROPICALE HUMIDE

CALOTTE GLACIAIRE

GLACE POLAIRE

ANTARCTIQUE

Forêt tropicale: Amérique centrale

Archipel arctique

Mappemonde

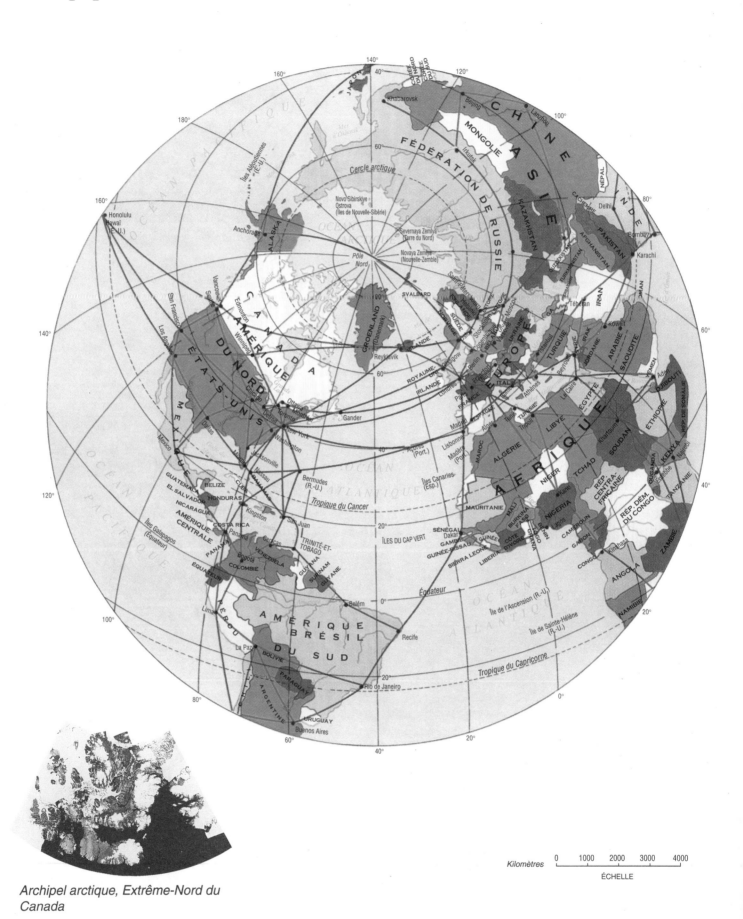

Archipel arctique, Extrême-Nord du Canada

Kilomètres

| 0 | 1000 | 2000 | 3000 | 4000 |

ÉCHELLE

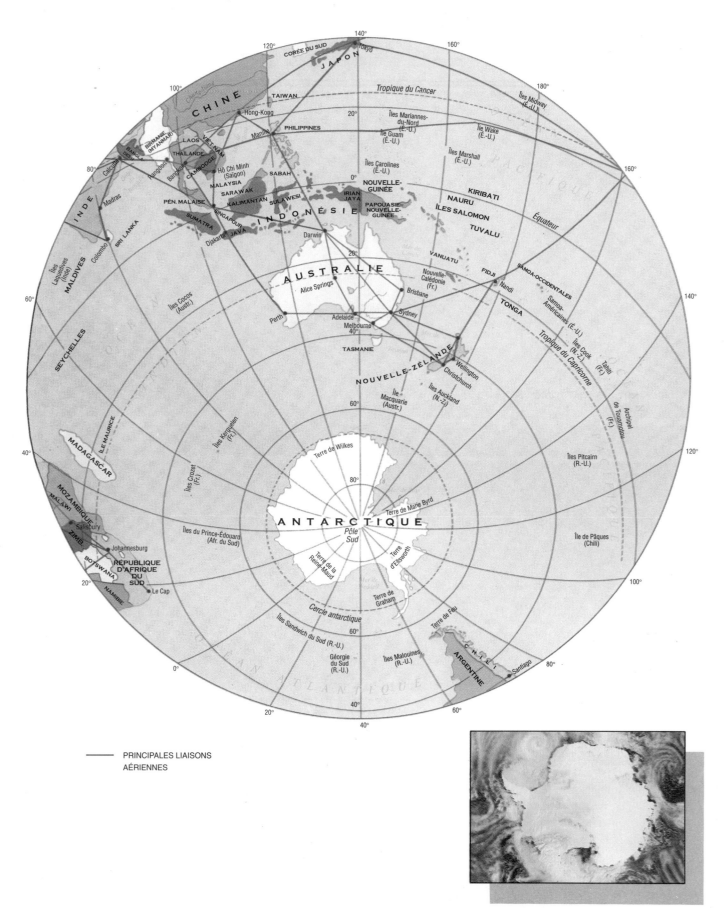

140°

120°

160°

CORÉE DU SUD

Tokyo

JAPON

100°

Tropique du Cancer

Chang Hang

CHINE

TAIWAN

Îles Midway
(É.-U.)

180°

Hong-Kong

20°

Îles Mariannes-
du-Nord
(É.-U.)

Île Wake
(É.-U.)

PHILIPPINES

Manille

BIRMANIE
(MYANMAR)

LAOS

VIETNAM

80°

Île Guam
(É.-U.)

160°

BANGLA-
DESH

Calcutta

THAÏLANDE

Bangkok

CAMBODGE

Hô Chi Minh
(Saïgon)

Îles Carolines
(É.-U.)

Îles Marshall
(É.-U.)

PACIFIQUE

INDE

Madras

PÉN. MALAISE

MALAYSIA

SARAWAK

SABAH

0°

NOUVELLE-
GUINÉE

KIRIBATI

NAURU

SINGAPOUR

KALIMANTAN

SULAWESI

IRIAN
JAYA

ÎLES SALOMON

SRI LANKA

Colombo

SUMATRA

JAVA

INDONÉSIE

PAPOUASIE-
NOUVELLE-
GUINÉE

TUVALU

Équateur

Îles
Laquedives
(Inde)

MALDIVES

Djakarta

Darwin

VANUATU

160°

SEYCHELLES

60°

Îles Cocos
(Austr.)

20°

AUSTRALIE

Nouvelle-
Calédonie
(Fr.)

FIDJI

SAMOA-OCCIDENTALES

Alice Springs

Brisbane

Nandi

Samoa-
Américaines (É.-U.)

TONGA

140°

Perth

Adélaïde

Sydney

Îles Cook
(N.-Z.)

Tahiti
(Fr.)

40°

ÎLE MAURICE

MADAGASCAR

Melbourne

Tropique du Capricorne

40°

TASMANIE

Wellington

Archipel
de Touamotou
(Fr.)

120°

Christchurch

NOUVELLE-ZÉLANDE

MOZAMBIQUE

Îles Kerguelen
(Fr.)

60°

Île
Macquarie
(Austr.)

Îles Auckland
(N.-Z.)

MALAWI

Salisbury

Îles Crozet
(Fr.)

Terre de Wilkes

Îles Pitcairn
(R.-U.)

ZIMB.

Johannesburg

80°

BOTSWANA

RÉPUBLIQUE
D'AFRIQUE
DU
SUD

ANTARCTIQUE

Terre de Marie Byrd

Île de Pâques
(Chili)

Îles du Prince-Édouard
(Afr. du Sud)

*Pôle
Sud*

100°

NAMIBIE

20°

Le Cap

Terre de la
Reine Maud

Terre
d'Ellsworth

Terre de
Graham

Cercle antarctique

Terre de Feu

60°

Îles Sandwich du Sud (R.-U.)

CHILI

ARGENTINE

80°

Géorgie
du Sud
(R.-U.)

Îles Malouines
(R.-U.)

Santiago

0°

OCÉAN ATLANTIQUE

20°

40°

40°

60°

— PRINCIPALES LIAISONS
AÉRIENNES

Antarctique

Amérique du Nord
CARTE POLITIQUE

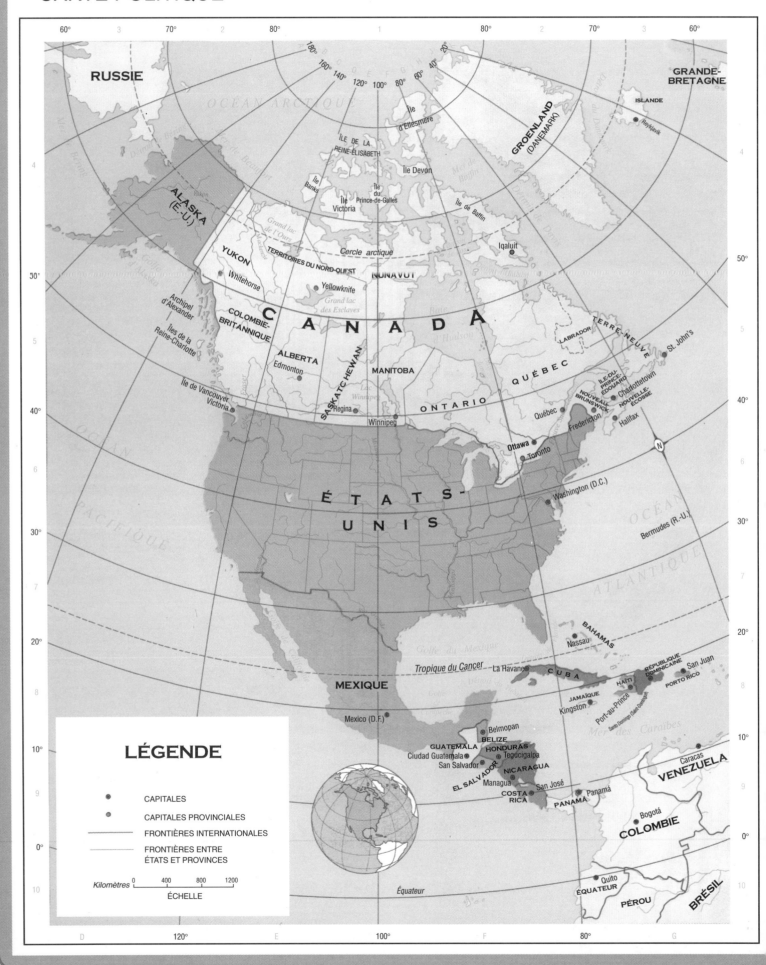

RUSSIE

GRANDE-BRETAGNE

OCÉAN ARCTIQUE

ISLANDE
Reykjavik

Île d'Ellesmère

ÎLE DE LA REINE-ÉLISABETH

GROENLAND (DANEMARK)

Île Devon

ALASKA (É.-U.)

Île Banks

Île du Prince-de-Galles

Île Victoria

Île de Baffin

Grand lac de l'Ours

Cercle arctique

YUKON

TERRITOIRES DU NORD-OUEST

Whitehorse

NUNAVUT

Iqaluit

Yellowknife

Grand lac des Esclaves

Archipel d'Alexander

COLOMBIE-BRITANNIQUE

C A N A D A

Îles de la Reine-Charlotte

LABRADOR

TERRE-NEUVE

St. John's

ALBERTA

Edmonton

SASKATCHEWAN

MANITOBA

QUÉBEC

ÎLE-DU-PRINCE-ÉDOUARD

Charlottetown

Île de Vancouver

Lac Winnipeg

NOUVEAU-BRUNSWICK

NOUVELLE-ÉCOSSE

Victoria

Regina

ONTARIO

Québec

Winnipeg

Fredericton

Halifax

Ottawa

Toronto

É T A T S - U N I S

Washington (D.C.)

OCÉAN

Bermudes (R.-U.)

ATLANTIQUE

OCÉAN PACIFIQUE

BAHAMAS

Nassau

Tropique du Cancer

La Havane

CUBA

RÉPUBLIQUE DOMINICAINE

San Juan

MEXIQUE

Golfe du Mexique

HAÏTI

PORTO RICO

JAMAÏQUE

Kingston

Port-au-Prince

Santo Domingo (Saint-Domingue)

Mexico (D.F.)

Mer des Caraïbes

Belmopan

BELIZE

GUATEMALA

HONDURAS

Ciudad Guatemala

Tegucigalpa

Caracas

San Salvador

NICARAGUA

VENEZUELA

EL SALVADOR

Managua

San José

Panamá

COSTA RICA

PANAMA

Bogotá

COLOMBIE

Quito

Équateur

ÉQUATEUR

PÉROU

BRÉSIL

LÉGENDE

- • CAPITALES
- • CAPITALES PROVINCIALES
- —— FRONTIÈRES INTERNATIONALES
- —— FRONTIÈRES ENTRE ÉTATS ET PROVINCES

Kilomètres 0 400 800 1200
ÉCHELLE

Édifices du Parlement, Ottawa

La Maison-Blanche, Washington, D.C.

Édifices législatifs, Mexico, D.F.

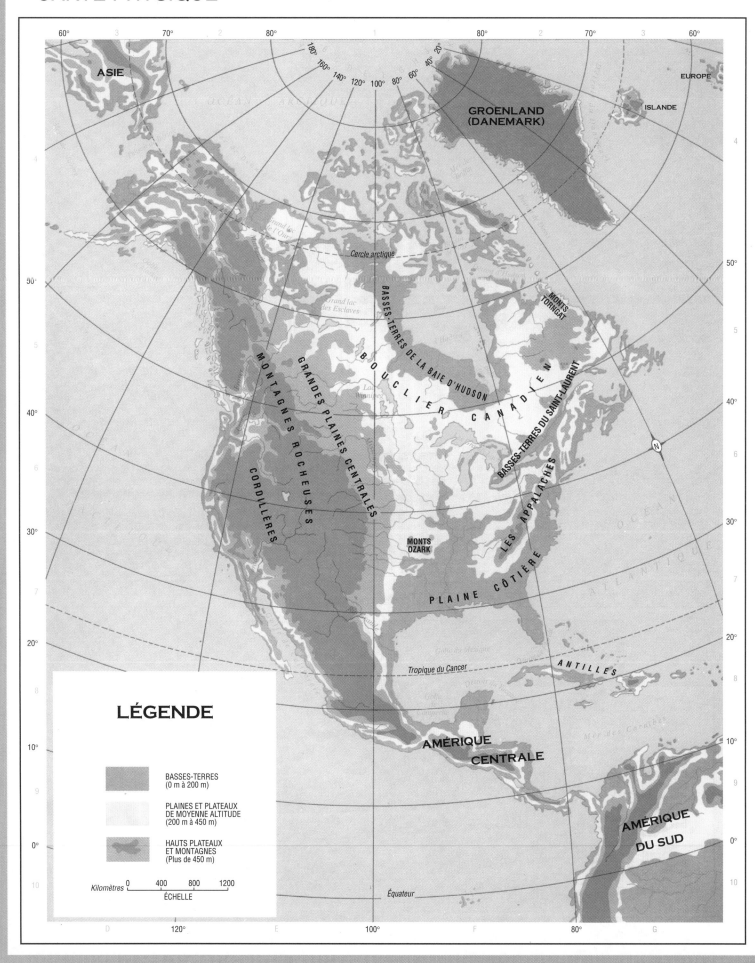

Amérique du Nord
CARTE PHYSIQUE

LÉGENDE

BASSES-TERRES
(0 m à 200 m)

PLAINES ET PLATEAUX
DE MOYENNE ALTITUDE
(200 m à 450 m)

HAUTS PLATEAUX
ET MONTAGNES
(Plus de 450 m)

Kilomètres 0   400   800   1200
ÉCHELLE

ASIE

GROENLAND
(DANEMARK)

EUROPE

ISLANDE

OCÉAN ARCTIQUE

Cercle arctique

Grand lac
de l'Ours

Grand lac
des Esclaves

BASSES-TERRES DE LA BAIE D'HUDSON

MONTS
TORNGAT

BOUCLIER CANADIEN

Lac
Winnipeg

BASSES-TERRES DU SAINT-LAURENT

GRANDES PLAINES CENTRALES

MONTAGNES ROCHEUSES

CORDILLÈRES

LES APPALACHES

MONTS
OZARK

PLAINE CÔTIÈRE

OCÉAN ATLANTIQUE

N

ANTILLES

Golfe du Mexique

Tropique du Cancer

Détroit du Nord

Mer des Caraïbes

AMÉRIQUE
CENTRALE

AMÉRIQUE
DU SUD

Équateur

Monstre de Gila, reptile des déserts chauds

Ours polaires dans les déserts froids de l'Arctique

Bœufs musqués dans la toundra

Alligator dans un habitat marécageux

Ours grizzly dans les forêts occidentales de l'Amérique du Nord

Amérique du Nord
TEMPÉRATURES D'HIVER

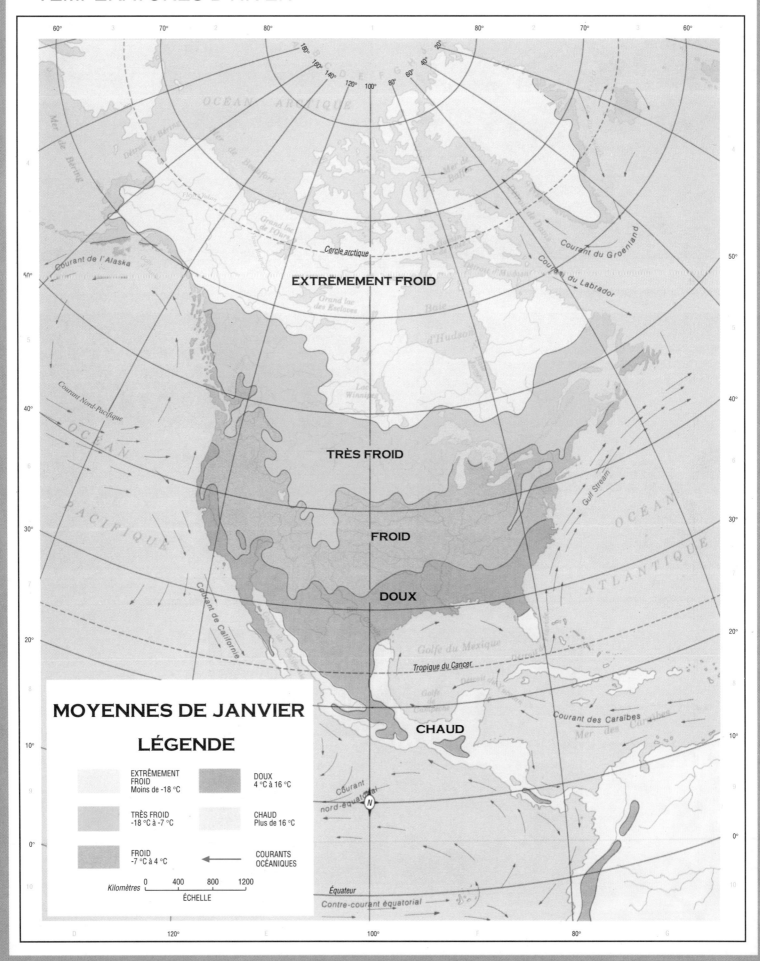

EXTRÊMEMENT FROID

TRÈS FROID

FROID

DOUX

CHAUD

MOYENNES DE JANVIER

LÉGENDE

EXTRÊMEMENT FROID
Moins de -18 °C

DOUX
4 °C à 16 °C

TRÈS FROID
-18 °C à -7 °C

CHAUD
Plus de 16 °C

FROID
-7 °C à 4 °C

COURANTS OCÉANIQUES

Kilomètres 0   400   800   1200
ÉCHELLE

Amérique du Nord
TEMPÉRATURES D'ÉTÉ

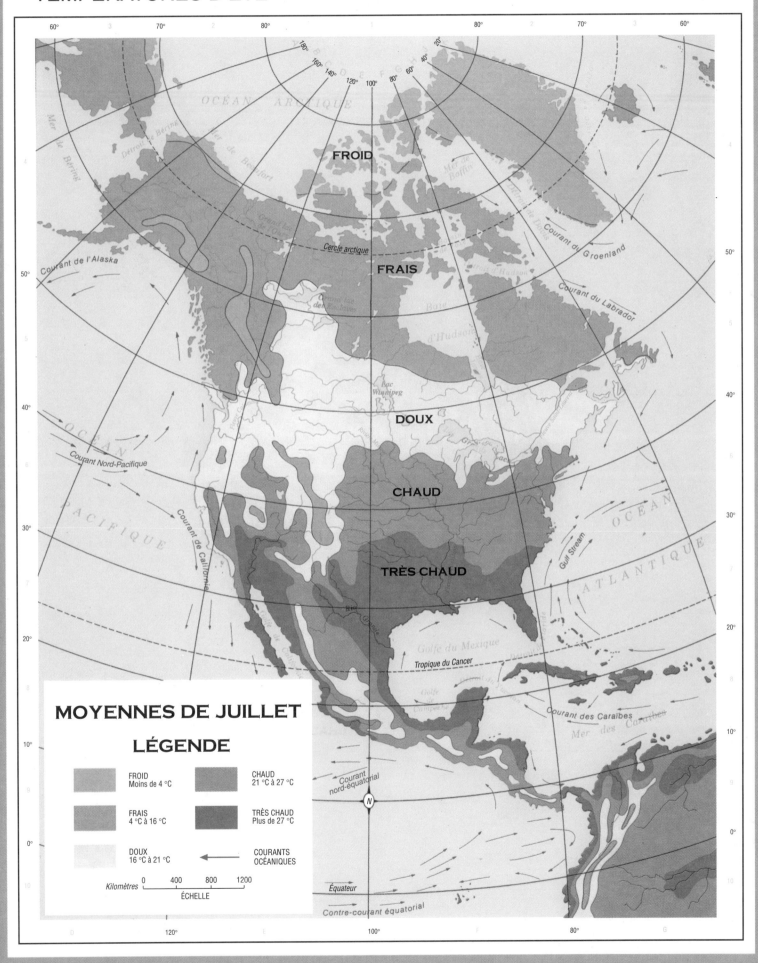

MOYENNES DE JUILLET

LÉGENDE

FROID
Moins de 4 °C

CHAUD
21 °C à 27 °C

FRAIS
4 °C à 16 °C

TRÈS CHAUD
Plus de 27 °C

DOUX
16 °C à 21 °C

COURANTS
OCÉANIQUES

Kilomètres 0 400 800 1200
ÉCHELLE

Amérique du Nord
PRÉCIPITATIONS ANNUELLES

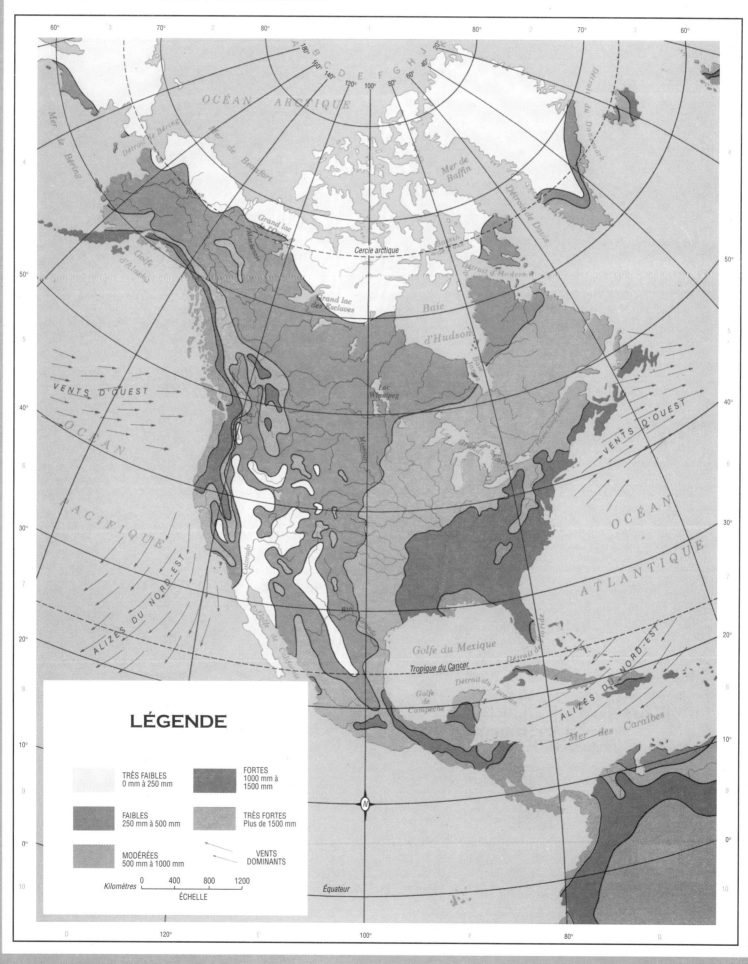

LÉGENDE

- TRÈS FAIBLES
  0 mm à 250 mm
- FORTES
  1000 mm à 1500 mm
- FAIBLES
  250 mm à 500 mm
- TRÈS FORTES
  Plus de 1500 mm
- MODÉRÉES
  500 mm à 1000 mm
- VENTS DOMINANTS

Kilomètres 0   400   800   1200
ÉCHELLE

Amérique du Nord
VÉGÉTATION ET UTILISATION DU SOL

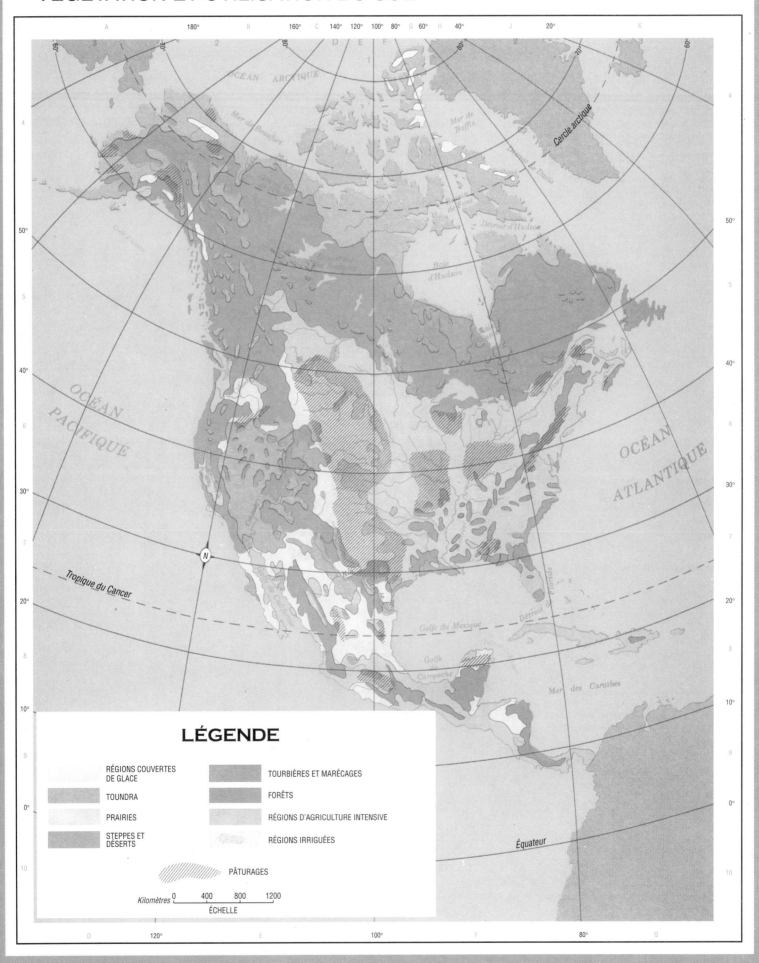

LÉGENDE

RÉGIONS COUVERTES DE GLACE

TOUNDRA

PRAIRIES

STEPPES ET DÉSERTS

TOURBIÈRES ET MARÉCAGES

FORÊTS

RÉGIONS D'AGRICULTURE INTENSIVE

RÉGIONS IRRIGUÉES

PÂTURAGES

Kilomètres 0 400 800 1200
ÉCHELLE

Canada
CARTE POLITIQUE

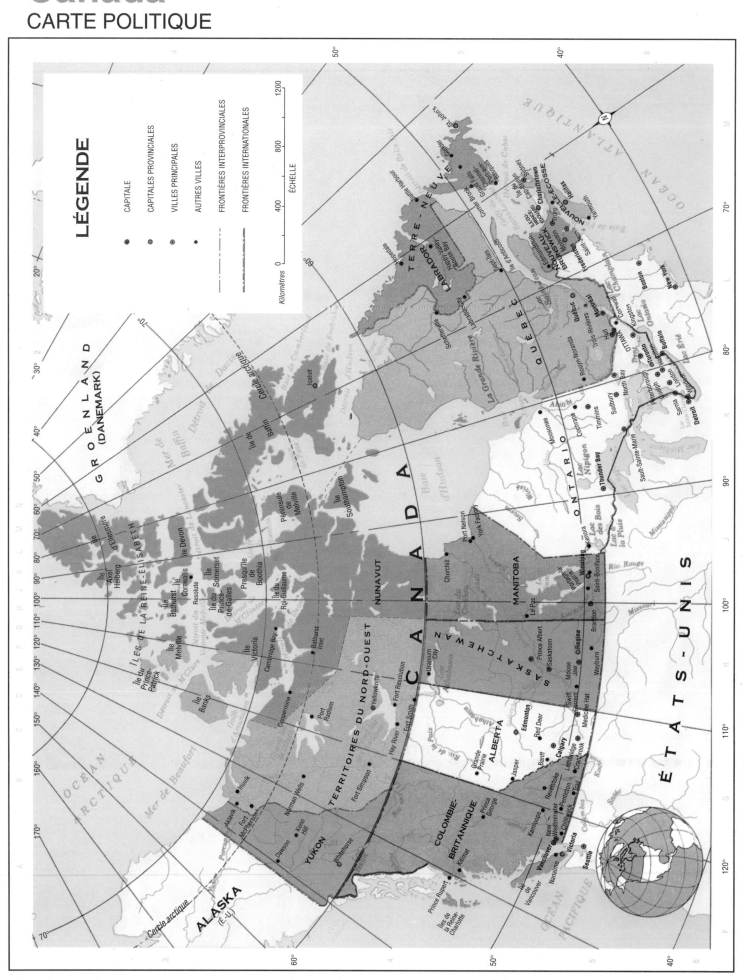

LÉGENDE

- CAPITALE
- CAPITALES PROVINCIALES
- VILLES PRINCIPALES
- AUTRES VILLES
- FRONTIÈRES INTERPROVINCIALES
- FRONTIÈRES INTERNATIONALES

ÉCHELLE

0   400   800   1200

Kilomètres

Population des capitales des provinces et territoires

Ville (Recensement de 1996)	Zone métropolitaine (Estimation de 1998)
St. John's	101 936	173 600
Halifax	113 910	348 000
Charlottetown	32 531	
Fredericton	46 507	
Québec	167 264	687 200
Toronto	653 734	4 594 900
Winnipeg	618 447	676 400
Regina	180 400	199 500
Edmonton	616 306	917 500
Victoria	73 504	318 100
Whitehorse	19 157	
Yellowknife	17 275	
Iqaluit	3 600	

Toronto, Ontario

Iqaluit, Nunavut

Halifax, Nouvelle-Écosse

Yellowknife, Territoires du Nord-Ouest

St. John's, Terre-Neuve

Charlottetown, Île-du-Prince-Édouard

Winnipeg, Manitoba

Edmonton, Alberta

Québec, Québec

Regina, Saskatchewan

Victoria, Colombie-Britannique

Whitehorse, Yukon

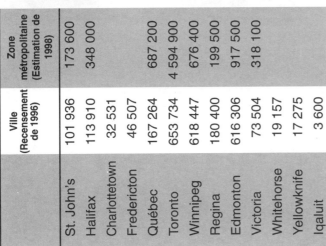

Fredericton, Nouveau-Brunswick

Canada
CARTE PHYSIQUE

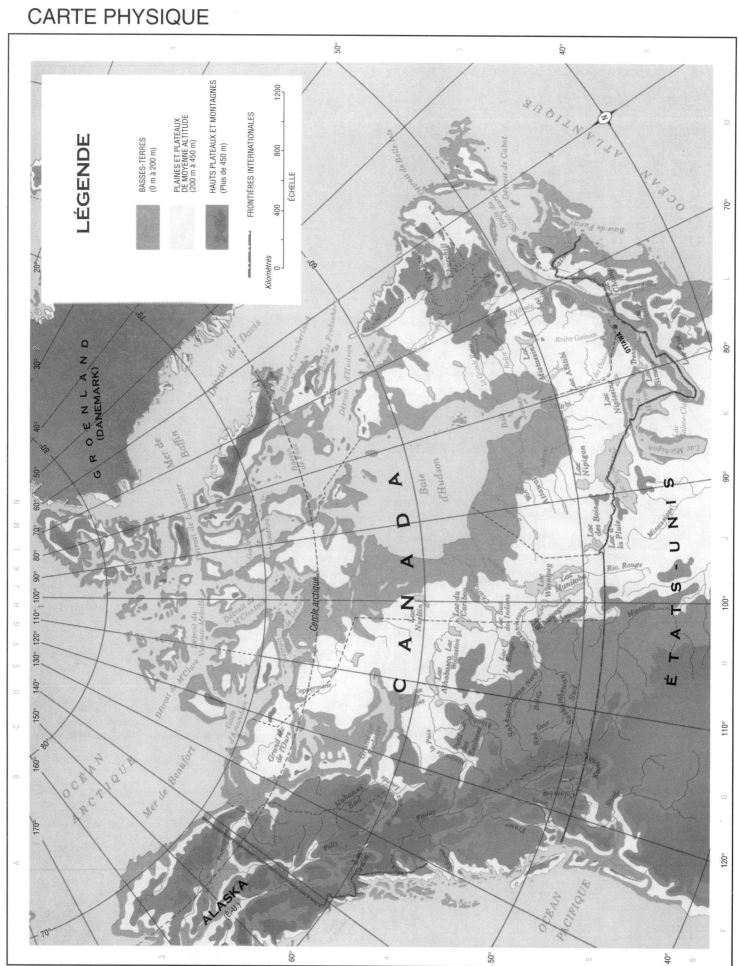

LÉGENDE

BASSES-TERRES
(0 m à 200 m)

PLAINES ET PLATEAUX
DE MOYENNE ALTITUDE
(200 m à 450 m)

HAUTS PLATEAUX ET MONTAGNES
(Plus de 450 m)

FRONTIÈRES INTERNATIONALES

ÉCHELLE

Kilomètres

0   400   800   1200

OCÉAN ATLANTIQUE

GROENLAND
(DANEMARK)

OCÉAN ARCTIQUE

Mer de Beaufort

ALASKA
(É.-U.)

OCÉAN PACIFIQUE

ÉTATS-UNIS

C A N A D A

Baie d'Hudson

Mer de Baffin

Détroit de Davis

Cercle arctique

Forêt de feuillus à l'automne en Ontario

Vieille forêt en Colombie-Britannique

Prairie en Alberta

Canada
VÉGÉTATION ET RÉGIONS PHYSIOGRAPHIQUES

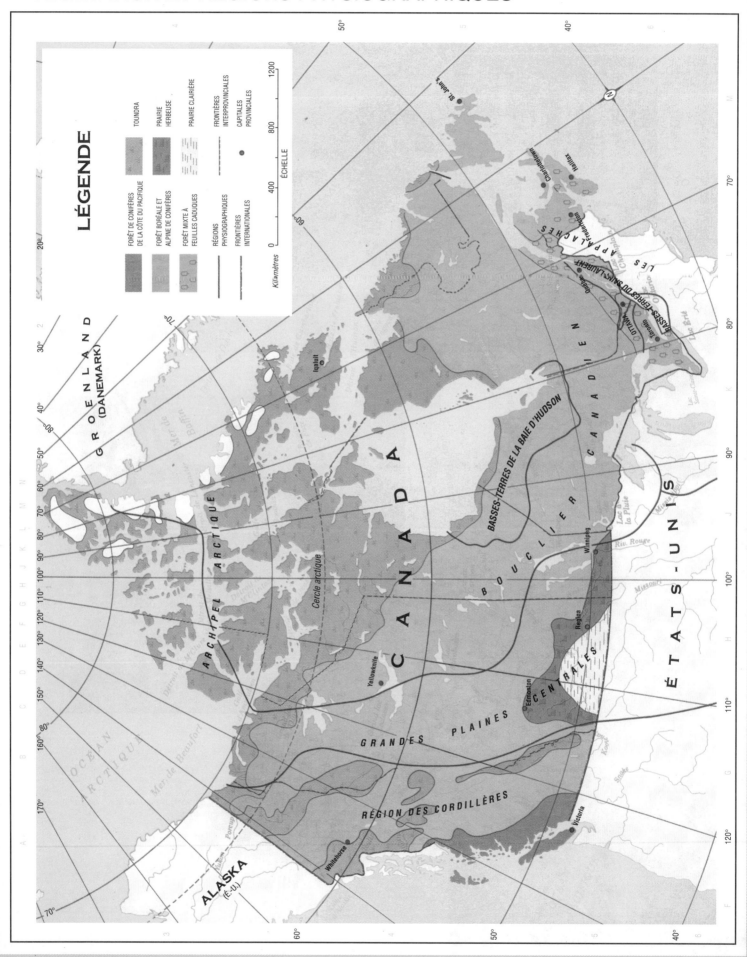

LÉGENDE

FORÊT DE CONIFÈRES
DE LA CÔTE DU PACIFIQUE

FORÊT BORÉALE ET
ALPINE DE CONIFÈRES

FORÊT MIXTE À
FEUILLES CADUQUES

TOUNDRA

PRAIRIE
HERBEUSE

PRAIRIE CLAIRIÈRE

RÉGIONS
PHYSIOGRAPHIQUES

FRONTIÈRES
INTERNATIONALES

FRONTIÈRES
INTERPROVINCIALES

CAPITALES
PROVINCIALES

ÉCHELLE

Kilomètres

0   400   800   1200

Canada
ÉCOUMÈNE ET DENSITÉ DE LA POPULATION

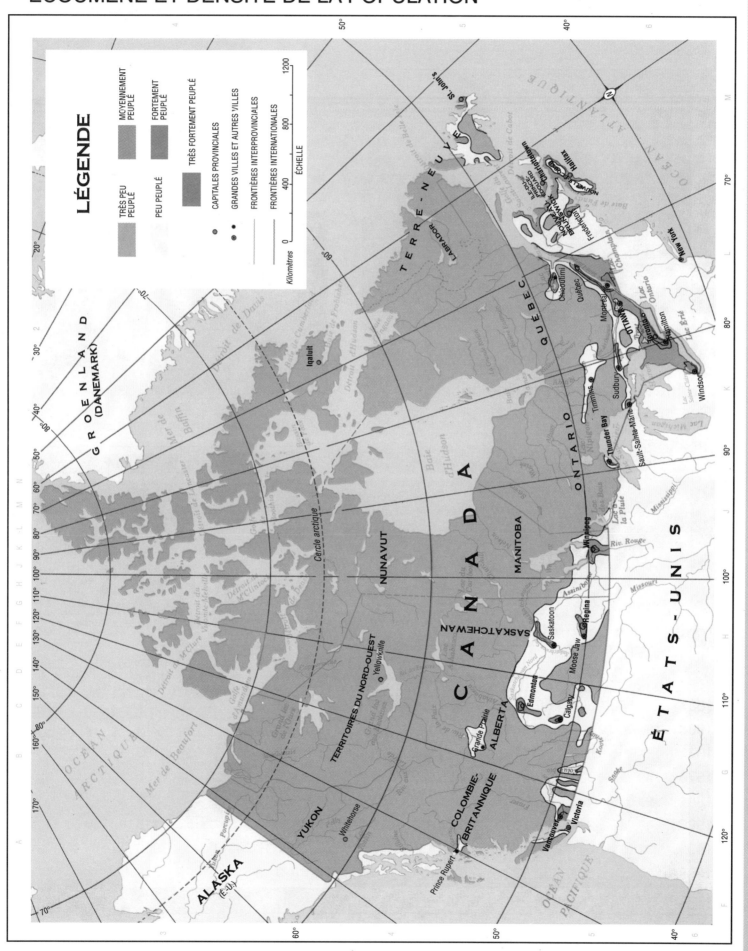

Canada
PORTRAIT D'UNE SOCIÉTÉ MULTICULTURELLE

Groupe d'étudiants canadiens

Ukrainiens dans l'Ouest canadien

Origines ethniques des Canadiens
(Recensement de 1996)

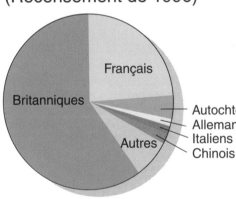

Français
Britanniques
Autres
Autochtones
Allemands
Italiens
Chinois

Le Bonhomme Carnaval, à Québec

Ovide Mercredi, chef de l'Assemblée des Premières Nations, accepte le faisceau sacré des mains d'un aîné, lors de la cérémonie d'assermentation, le 12 juin 1991.

Immigration par province

	Nombre total d'immigrants	T.-N.	Î.-P.-É.	N.-É.	N.-B.	QUÉ.	ONT.	MAN.	SASK.	ALB.	C.-B.	YUKON ET T.N.-O.
1961	71 689	365	69	901	770	16 920	36 518	2 527	1 333	4 823	7 326	137
1966	194 743	805	141	2 084	1 283	39 198	107 621	5 132	3 440	10 078	24 746	215
1971	121 900	819	172	1 812	1 038	19 222	64 357	5 301	1 426	8 653	18 917	183
1976	149 429	725	235	1 942	1 752	29 282	72 031	5 509	2 323	14 896	20 484	250
1981	128 618	483	128	1 405	990	21 182	55 032	5 370	2 402	19 330	22 095	201
1986	99 219	274	168	1 097	641	19 459	49 630	3 749	1 860	9 673	12 552	116
1991	232 020	641	150	1 504	685	52 155	119 257	5 659	2 455	17 043	32 263	208
1996	226 074	584	153	3 221	715	29 671	119 681	3 923	1 823	13 893	52 025	179
1997	216 044	437	151	2 891	663	27 672	118 060	3 804	1 742	12 919	47 459	186*

*Données préliminaires
Selon vous, quelles raisons peuvent inciter les immigrants à s'établir dans votre province?

*Femme indienne exhibant
des mets traditionnels*

Marché Kensington, Toronto

Parade de la Caribana à Toronto

Quartier chinois de Vancouver

Provenance des immigrants
(1996)

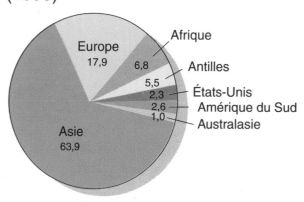

Europe 17,9

Afrique 6,8

Antilles 5,5

États-Unis 2,3

Amérique du Sud 2,6

Australasie 1,0

Asie 63,9

= 100 %

Immigration et émigration
(1961-1996)

350 000	
300 000	
250 000	
200 000	
150 000	**Arrivées d'immigrants**
100 000	
50 000	**Départs d'émigrants**

1961   1971   1981   1991   1993   1996

Provenance des réfugiés au Canada
(1996)

Asie	15 954
Afrique	2 829
Europe de l'Est	4 526
Amérique centrale	1 386
Australasie	237
Amérique du Sud	361
Autres	31

Nombre total de personnes = 25 324

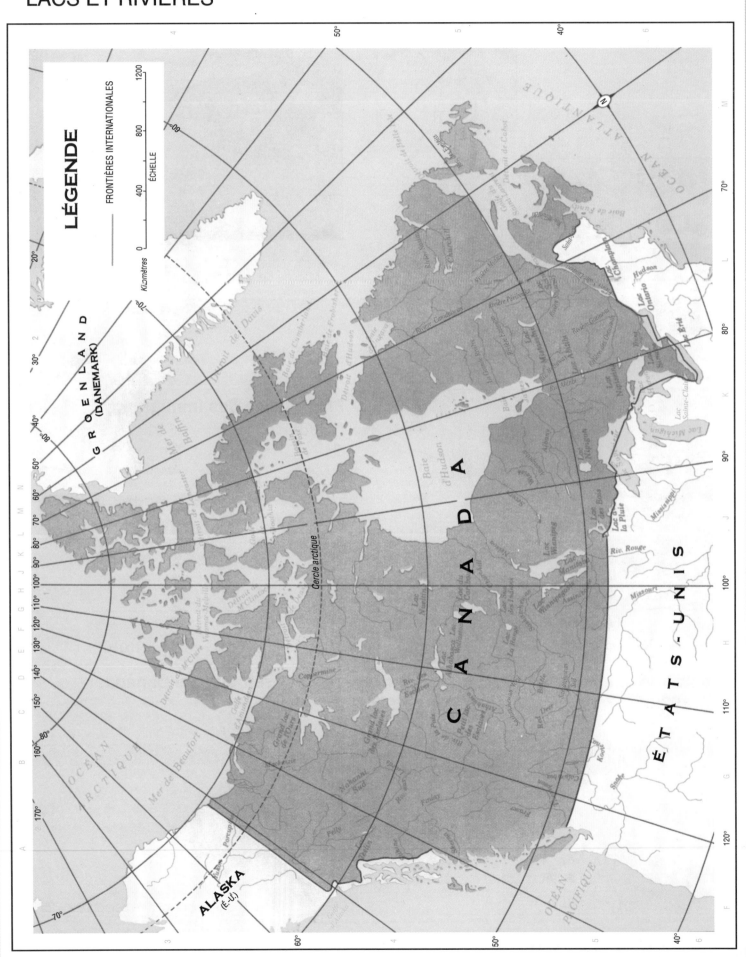

Canada
LACS ET RIVIÈRES

Canada
LIAISONS AÉRIENNES

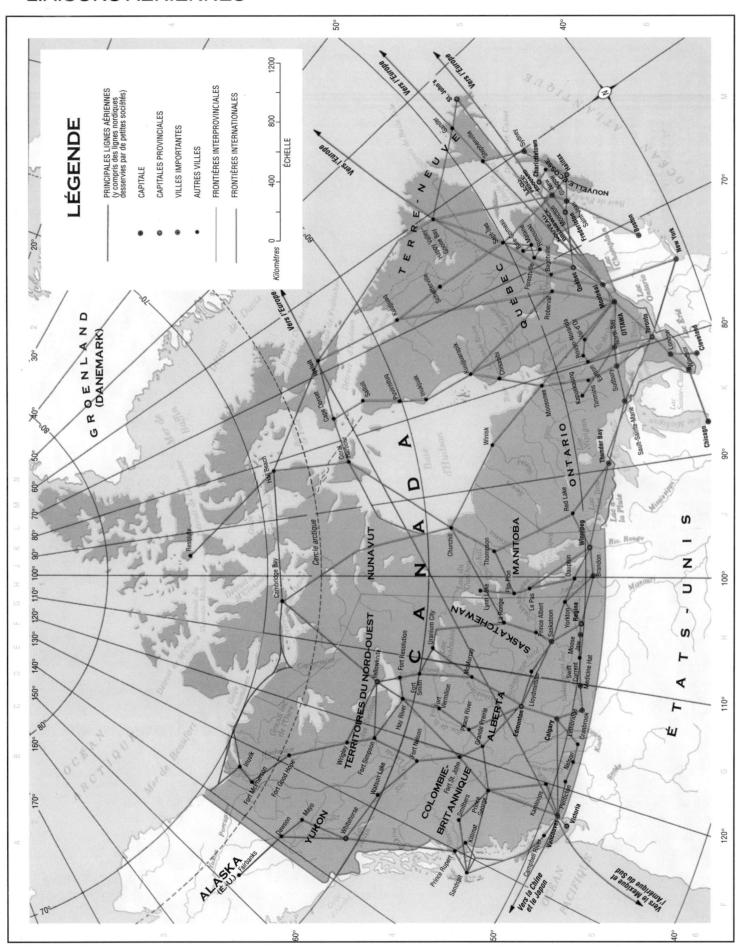

LÉGENDE

PRINCIPALES LIGNES AÉRIENNES
(y compris des lignes nordiques
desservies par de petites sociétés)

● CAPITALE

● CAPITALES PROVINCIALES

● VILLES IMPORTANTES

● AUTRES VILLES

FRONTIÈRES INTERPROVINCIALES

FRONTIÈRES INTERNATIONALES

ÉCHELLE

0   400   800   1200

Kilomètres

Canada
COMMUNICATIONS TERRESTRES

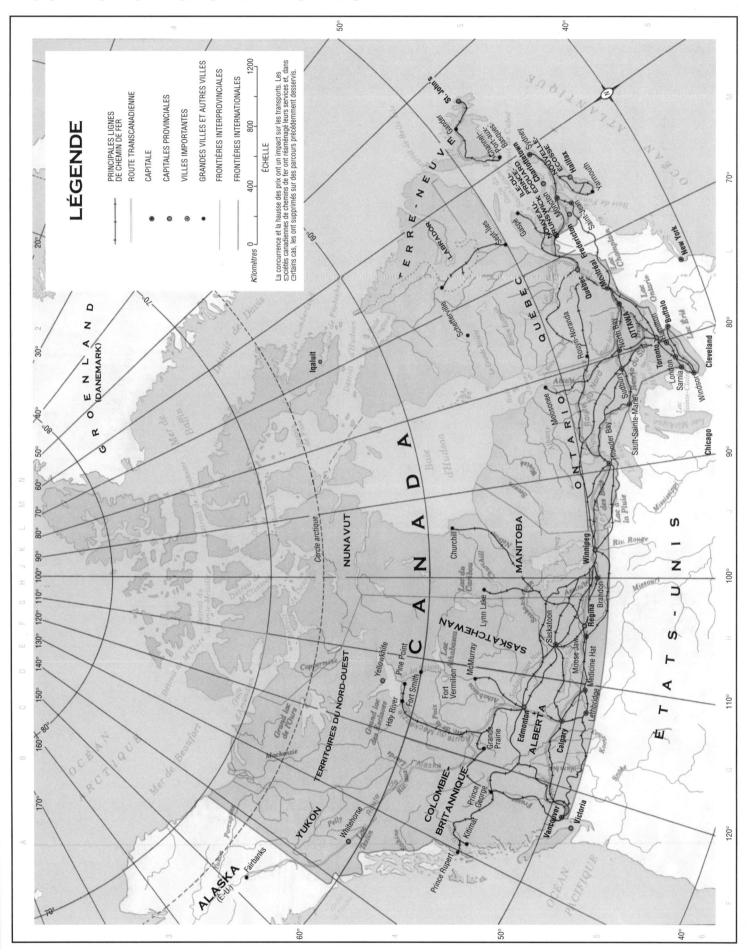

LÉGENDE

PRINCIPALES LIGNES DE CHEMIN DE FER
ROUTE TRANSCANADIENNE
CAPITALE
CAPITALES PROVINCIALES
VILLES IMPORTANTES
GRANDES VILLES ET AUTRES VILLES
FRONTIÈRES INTERPROVINCIALES
FRONTIÈRES INTERNATIONALES

ÉCHELLE

Kilomètres   0   400   1200

La concurrence et la hausse des prix ont un impact sur les transports. Les sociétés canadiennes de chemins de fer ont réaménagé leurs services et, dans certains cas, les ont supprimés sur des parcours précédemment desservis.

Canada
RESSOURCES NATURELLES

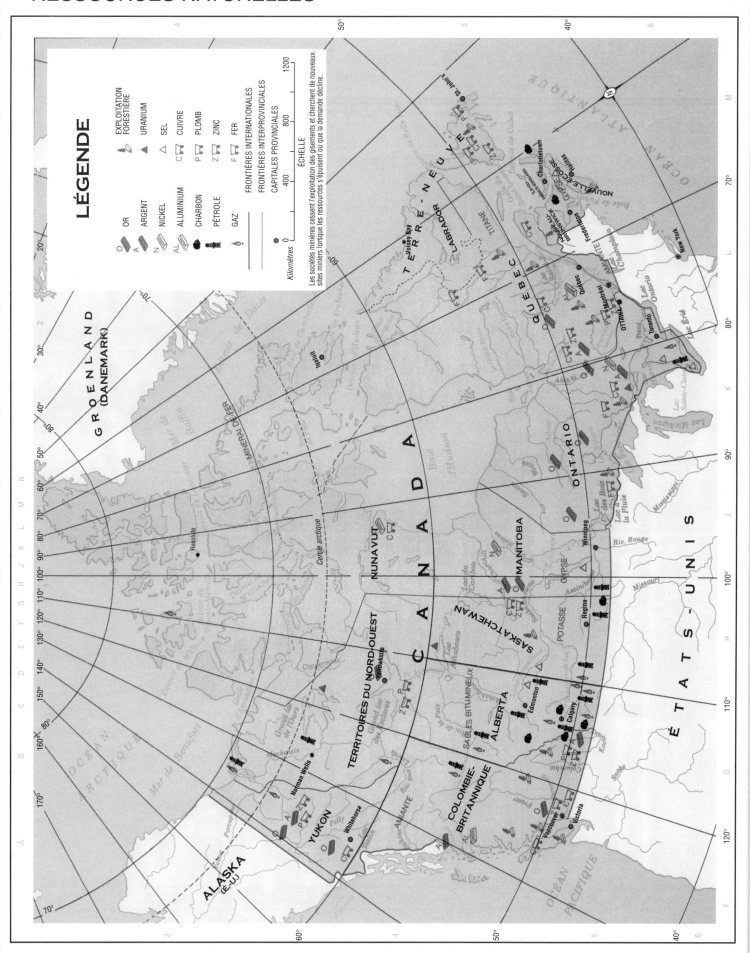

LÉGENDE

OR	EXPLOITATION FORESTIÈRE		
ARGENT	URANIUM		
NICKEL	SEL		
ALUMINIUM	CUIVRE		
CHARBON	PLOMB		
PÉTROLE	ZINC		
GAZ	FER		

FRONTIÈRES INTERNATIONALES
FRONTIÈRES INTERPROVINCIALES
CAPITALES PROVINCIALES

ÉCHELLE

Kilomètres
0   400   800   1200

Les sociétés minières cessent l'exploitation des gisements et cherchent de nouveaux sites miniers lorsque les ressources s'épuisent ou que la demande décline.

Terre-Neuve
COMMUNICATIONS

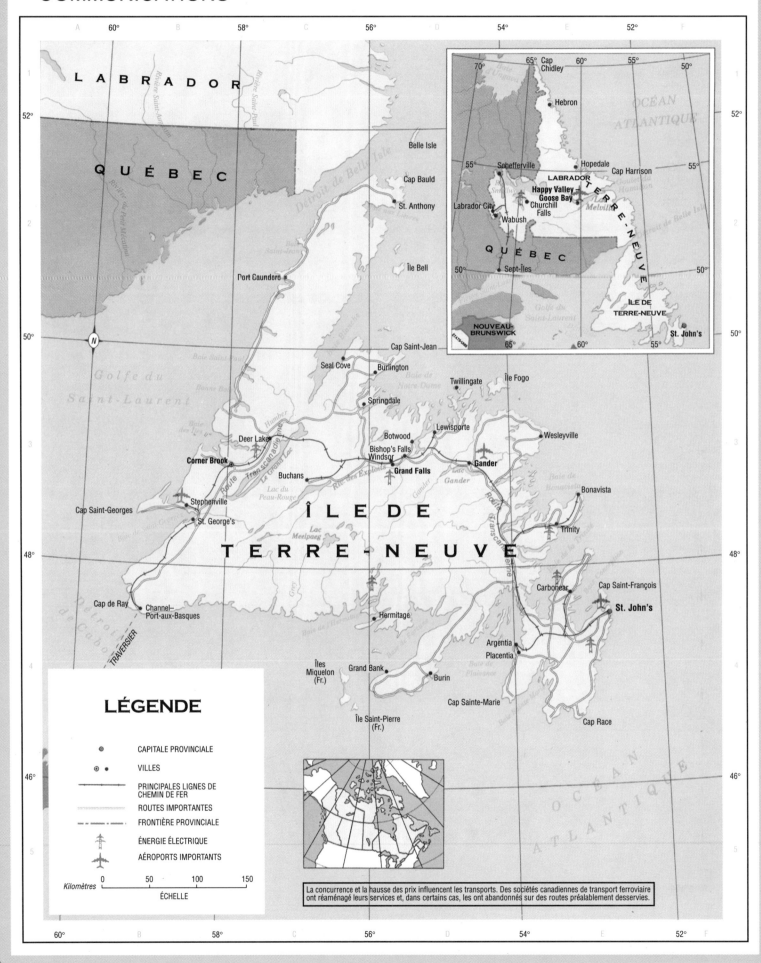

LABRADOR

QUÉBEC

Rivière Saint-Augustin

Rivière Saint-Paul

Détroit de Belle Isle

Belle Isle

Cap Bauld

St. Anthony

Île Bell

Port Saunders

Golfe du Saint-Laurent

Baie Saint-Jean

Baie des Îles

Baie Saint-Georges

Cap Saint-Georges

Cap Saint-Jean

Seal Cove
Burlington
Baie de Notre-Dame
Twillingate
Île Fogo

Springdale

Deer Lake
La Grande Lac
Route Transcanadienne

Corner Brook
Buchans
Lac du Peau-Rouge
Rivière des Exploits

Botwood
Lewisporte
Wesleyville

Bishop's Falls
Windsor
Grand Falls
Lac Gander
Gander

Baie de Bonavista
Bonavista

Stephenville
St. George's
Lac Meelpaeg
Rivière Gander
Route Transcanadienne
Trinity

ÎLE DE

TERRE-NEUVE

Grey

Cap Saint-François
Carbonear

Cap de Ray
Channel–Port-aux-Basques
Hermitage
Baie d'Hermitage
Baie de Fortune
St. John's

Détroit de Cabot
TRAVERSIER

Argentia
Placentia

Îles Miquelon (Fr.)
Grand Bank
Burin
Baie de Plaisance

Cap Sainte-Marie

Île Saint-Pierre (Fr.)

Cap Race

Carte en médaillon (Labrador)

Cap Chidley
Baie d'Ungava
Hebron
OCÉAN ATLANTIQUE
Schefferville
Hopedale
Cap Harrison
LABRADOR
Happy Valley-Goose Bay
Churchill Falls
Lac Melville
Labrador City
Wabush
Goulet du Hamilton
Détroit de Belle Isle
QUÉBEC
TERRE-NEUVE
Sept-Îles
Golfe du Saint-Laurent
ÎLE DE TERRE-NEUVE
NOUVEAU-BRUNSWICK
ÉTATS-UNIS
St. John's

LÉGENDE

- ● CAPITALE PROVINCIALE
- ⊙ ● VILLES
- ┼┼┼ PRINCIPALES LIGNES DE CHEMIN DE FER
- ----- ROUTES IMPORTANTES
- —·— FRONTIÈRE PROVINCIALE
- ⚡ ÉNERGIE ÉLECTRIQUE
- ✈ AÉROPORTS IMPORTANTS

Kilomètres 0 50 100 150
ÉCHELLE

La concurrence et la hausse des prix influencent les transports. Des sociétés canadiennes de transport ferroviaire ont réaménagé leurs services et, dans certains cas, les ont abandonnés sur des routes préalablement desservies.

Terre-Neuve
CARTE PHYSIQUE

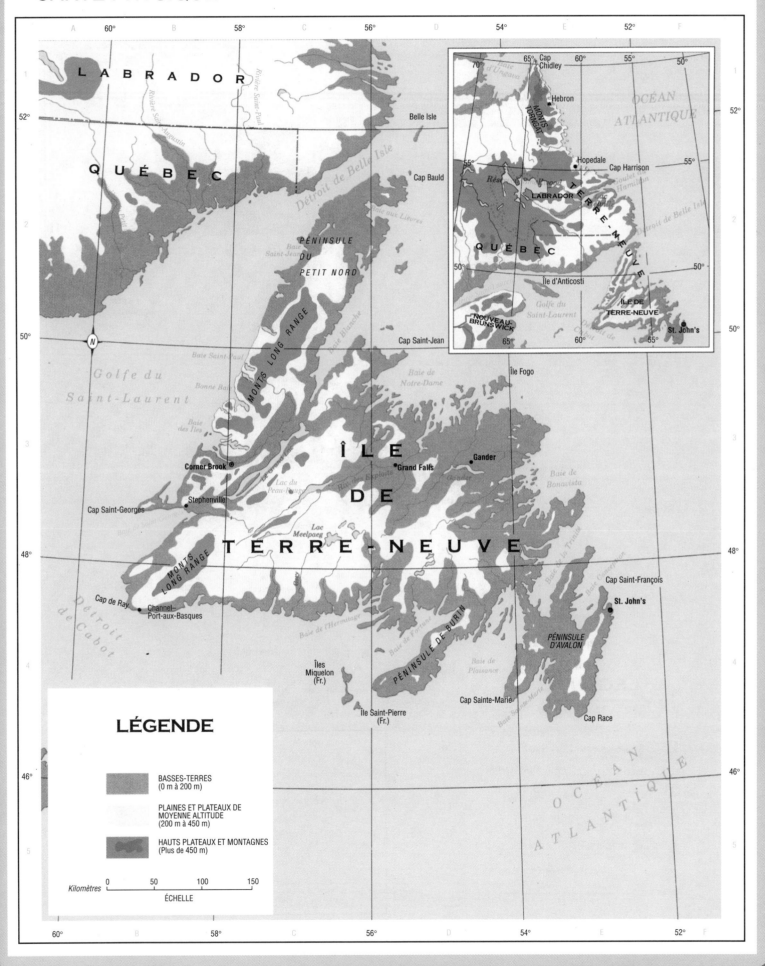

LÉGENDE

BASSES-TERRES
(0 m à 200 m)

PLAINES ET PLATEAUX DE
MOYENNE ALTITUDE
(200 m à 450 m)

HAUTS PLATEAUX ET MONTAGNES
(Plus de 450 m)

Kilomètres   0   50   100   150
ÉCHELLE

Terre-Neuve
VÉGÉTATION ET INDUSTRIES

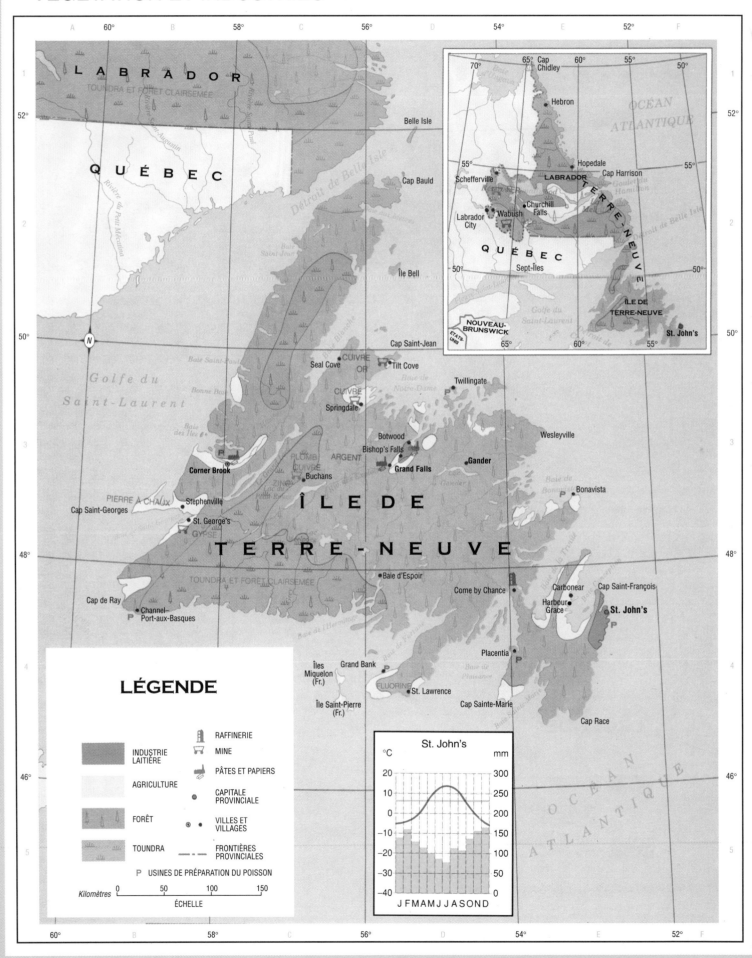

L A B R A D O R

TOUNDRA ET FORÊT CLAIRSEMÉE

Rivière Saint-Paul

Rivière Saint-Augustin

Rivière du Petit Mécatina

Q U É B E C

52°

Belle Isle

Cap Bauld

Détroit de Belle Isle

Île Bell

50°

Golfe du Saint-Laurent

Baie Saint-Paul

Bonne Baie

Baie des Îles

Cap Saint-Jean

Seal Cove
CUIVRE
OR
Tilt Cove
CUIVRE
Springdale

Baie de Notre-Dame

Twillingate

Botwood
Bishop's Falls
Grand Falls
Gander

Wesleyville

Bonavista

Baie de Bonavista

PLOMB
CUIVRE
ARGENT
ZINC

Corner Brook
Buchans

PIERRE À CHAUX

Cap Saint-Georges
Stephenville
St. George's
GYPSE

Î L E   D E

48°
T E R R E - N E U V E

TOUNDRA ET FORÊT CLAIRSEMÉE

Baie d'Espoir

Come by Chance
Carbonear
Cap Saint-François
Harbour Grace
St. John's

Cap de Ray

Channel—
Port-aux-Basques

Baie de l'Hermitage

Placentia

Baie de Plaisance

Îles Miquelon (Fr.)
Grand Bank
FLUORINE
St. Lawrence
Île Saint-Pierre (Fr.)

Cap Sainte-Marie

Cap Race

46°

OCÉAN ATLANTIQUE

Carte en médaillon (haut droite)

Cap Chidley
Baie d'Ungava
Hebron
OCÉAN ATLANTIQUE
Hopedale
Cap Harrison
Schefferville
LABRADOR
TERRE-NEUVE
Churchill Falls
Wabush
Labrador City
Q U É B E C
Sept-Îles
NOUVEAU-BRUNSWICK
ÉTATS-UNIS
Golfe du Saint-Laurent
Détroit de Belle Isle
ÎLE DE TERRE-NEUVE
St. John's

LÉGENDE

- INDUSTRIE LAITIÈRE
- AGRICULTURE
- FORÊT
- TOUNDRA

- 🏭 RAFFINERIE
- ⛏ MINE
- PÂTES ET PAPIERS
- ● CAPITALE PROVINCIALE
- ● VILLES ET VILLAGES
- — FRONTIÈRES PROVINCIALES
- P USINES DE PRÉPARATION DU POISSON

Kilomètres 0 50 100 150
ÉCHELLE

Diagramme climatique

St. John's

°C / mm

20 / 300
10 / 250
0 / 200
-10 / 150
-20 / 100
-30 / 50
-40 / 0

J F M A M J J A S O N D

Provinces maritimes
COMMUNICATIONS

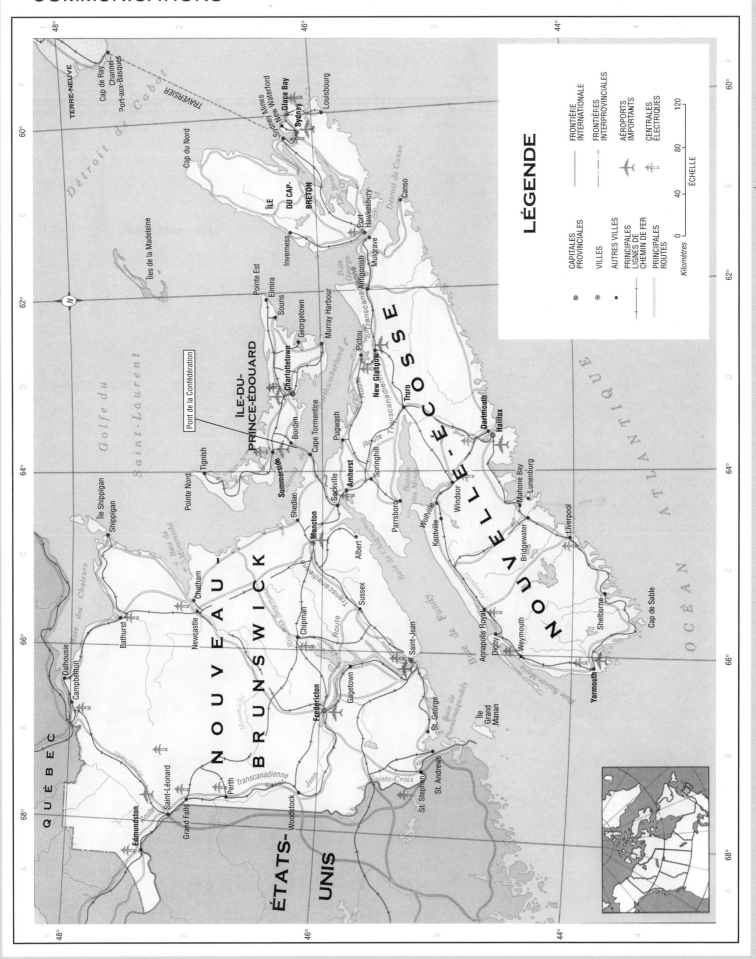

Provinces maritimes
CARTE PHYSIQUE

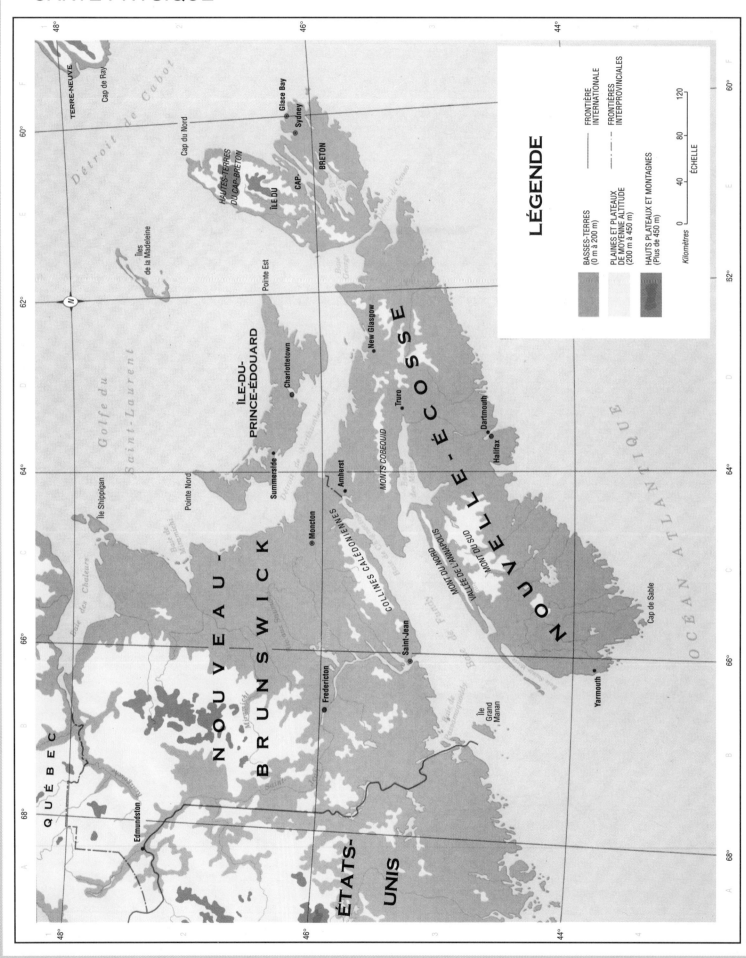

LÉGENDE

BASSES-TERRES
(0 à 200 m)

PLAINES ET PLATEAUX
DE MOYENNE ALTITUDE
(200 m à 450 m)

HAUTS PLATEAUX ET MONTAGNES
(Plus de 450 m)

FRONTIÈRE
INTERNATIONALE

FRONTIÈRES
INTERPROVINCIALES

ÉCHELLE

Kilomètres   0   40   80   120

TERRE-NEUVE

Cap de Ray

Détroit de Cabot

Cap du Nord

HAUTES-TERRES
DU CAP-BRETON

ÎLE DU
CAP-
BRETON

Glace Bay

Sydney

Golfe du
Saint-Laurent

Îles
de la Madeleine

Pointe Est

ÎLE-DU-
PRINCE-ÉDOUARD

Charlottetown

New Glasgow

Truro

NOUVELLE-ÉCOSSE

Dartmouth

Halifax

Pointe Nord

Summerside

MONTS COBEQUID

Île Shippigan

Baie de
Miramichi

Amherst

COLLINES CALÉDONIENNES

MONT DU NORD

MONT DU SUD

VALLÉE DE L'ANNAPOLIS

Baie des Chaleurs

Moncton

QUÉBEC

N O U V E A U -

B R U N S W I C K

Saint-Jean

Cap de Sable

OCÉAN ATLANTIQUE

Edmundston

Fredericton

Île Grand
Manan

Yarmouth

ÉTATS-
UNIS

Provinces maritimes
AGRICULTURE, FORÊTS, ÉLÉMENTS DU CLIMAT

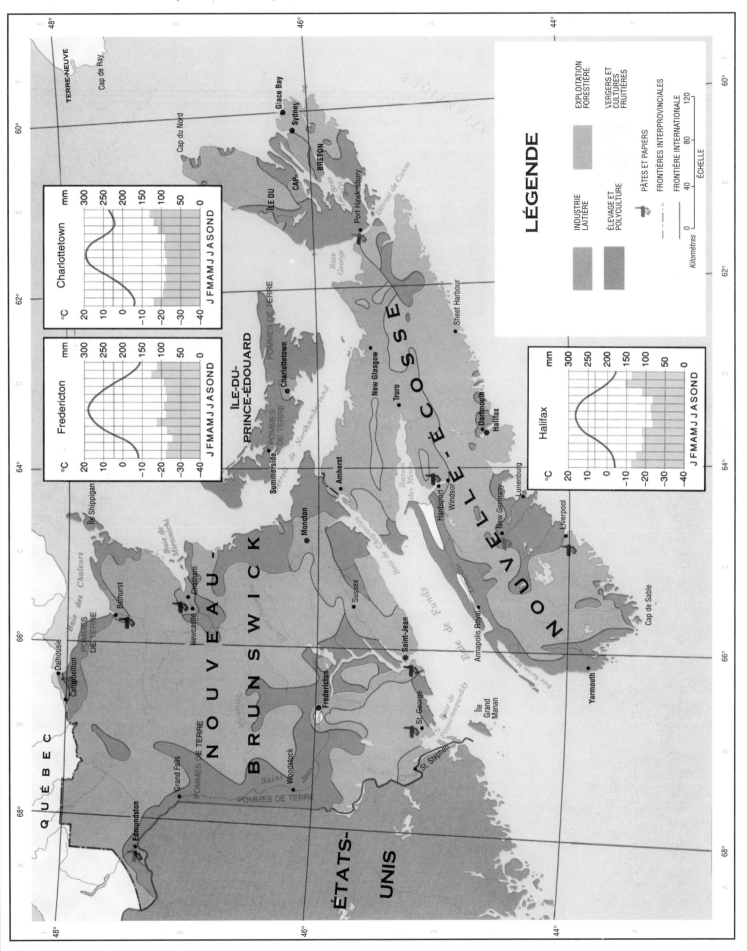

LÉGENDE

INDUSTRIE LAITIÈRE

ÉLEVAGE ET POLYCULTURE

EXPLOITATION FORESTIÈRE

VERGERS ET CULTURES FRUITIÈRES

PÂTES ET PAPIERS

FRONTIÈRES INTERPROVINCIALES

FRONTIÈRE INTERNATIONALE

ÉCHELLE

Kilomètres   0   40   80   120

Provinces de l'Atlantique
MINES

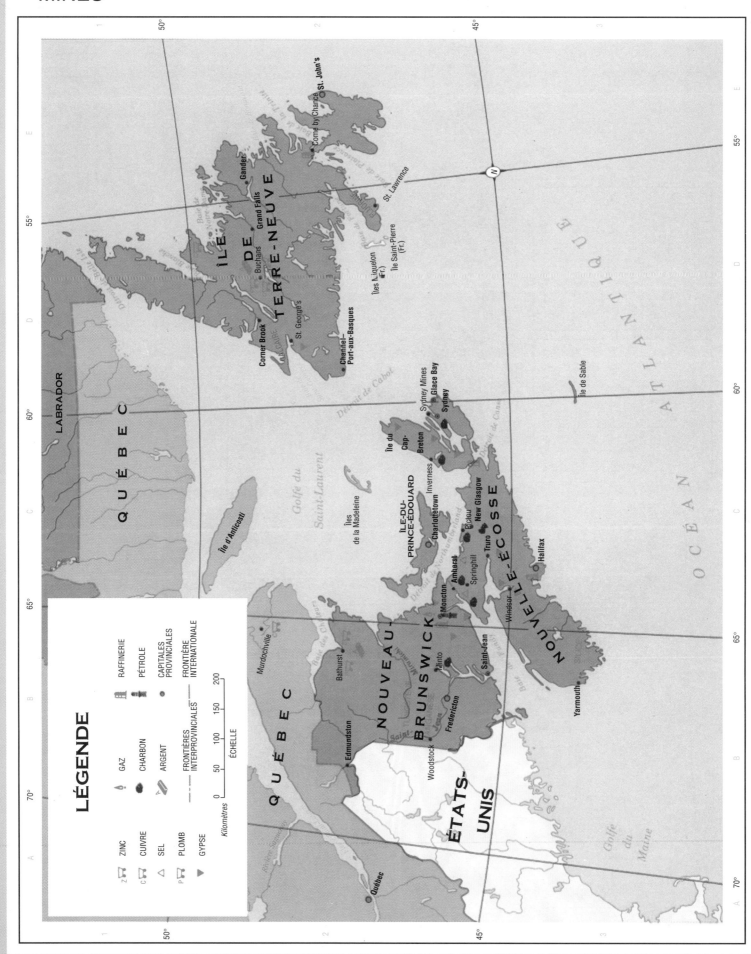

LÉGENDE

ZINC

CUIVRE

SEL

PLOMB

GYPSE

GAZ

CHARBON

ARGENT

RAFFINERIE

PÉTROLE

CAPITALES
PROVINCIALES

FRONTIÈRE
INTERNATIONALE

FRONTIÈRES
INTERPROVINCIALES

ÉCHELLE

Kilomètres

0   50   100   150   200

QUÉBEC

LABRADOR

ÎLE DE TERRE-NEUVE

St. John's
Come by Chance
Gander
Grand Falls
Buchans
Corner Brook
St. George's
Channel-Port-aux-Basques
St. Lawrence
Îles Liquelon (Fr.)
Île Saint-Pierre (Fr.)

Île d'Anticosti

Golfe du Saint-Laurent

Détroit de Cabot

Îles de la Madeleine

Île-du-Prince-Édouard

Charlottetown

Île du Cap-Breton

Sydney Mines
Glace Bay
Sydney
Inverness
Pictou
New Glasgow
Truro
Windsor
Halifax
Springhill
Amherst
Yarmouth

Île de Sable

NOUVELLE-ÉCOSSE

NOUVEAU-BRUNSWICK

Moncton
Minto
Saint-Jean
Fredericton
Woodstock
Bathurst
Edmundston

Murdochville

Québec

QUÉBEC

ÉTATS-UNIS

OCÉAN ATLANTIQUE

Golfe du Maine

Provinces de l'Atlantique
PÊCHERIES

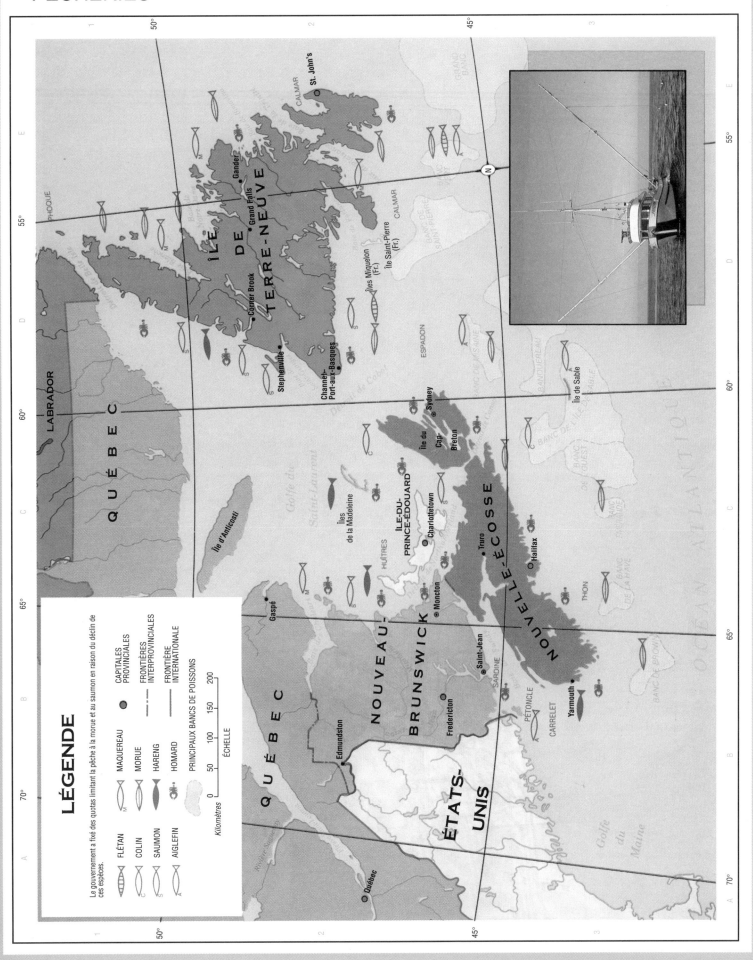

LÉGENDE

Le gouvernement a fixé des quotas limitant la pêche à la morue et au saumon en raison du déclin de ces espèces.

FLÉTAN
COLIN
SAUMON
AIGLEFIN

MAQUEREAU
MORUE
HARENG
HOMARD

CAPITALES PROVINCIALES

FRONTIÈRES INTERPROVINCIALES

FRONTIÈRE INTERNATIONALE

PRINCIPAUX BANCS DE POISSONS

ÉCHELLE

Kilomètres
0 50 100 150 200

QUÉBEC

LABRADOR

ÎLE DE TERRE-NEUVE

St. John's
Gander
Grand Falls
Corner Brook
Stephenville
Channel-Port-aux-Basques

Îles Miquelon (Fr.)
Île Saint-Pierre (Fr.)

NOUVEAU-BRUNSWICK

NOUVELLE-ÉCOSSE

ÎLE-DU-PRINCE-ÉDOUARD

Île du Cap-Breton

Sydney
Charlottetown
Truro
Halifax
Moncton
Saint-Jean
Fredericton
Edmundston
Gaspé
Québec
Yarmouth

ÉTATS-UNIS

Île d'Anticosti
Îles de la Madeleine

Golfe du Saint-Laurent

Île de Sable

Golfe du Maine

OCÉAN ATLANTIQUE

Québec
COMMUNICATIONS

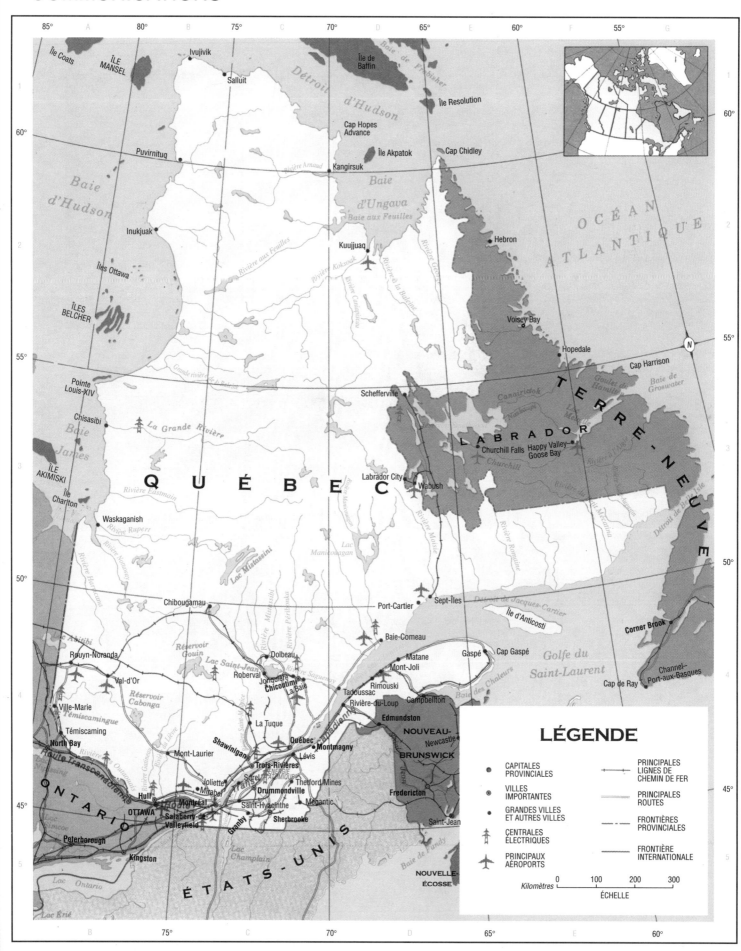

LÉGENDE

- ● CAPITALES PROVINCIALES
- ◉ VILLES IMPORTANTES
- • GRANDES VILLES ET AUTRES VILLES
- ⚡ CENTRALES ÉLECTRIQUES
- ✈ PRINCIPAUX AÉROPORTS
- ┼ PRINCIPALES LIGNES DE CHEMIN DE FER
- ─── PRINCIPALES ROUTES
- ─ ─ ─ FRONTIÈRES PROVINCIALES
- ─── FRONTIÈRE INTERNATIONALE

```
0     100    200    300
Kilomètres
        ÉCHELLE
```

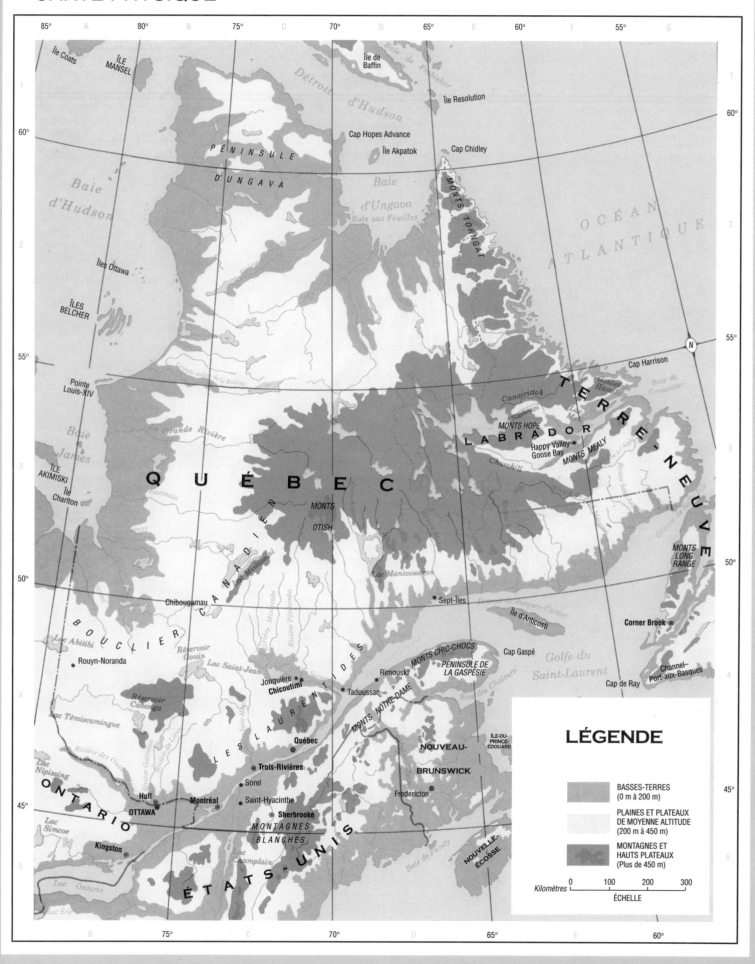

Québec
CARTE PHYSIQUE

Île Coats
ÎLE MANSEL
Île de Baffin
Baie de Frobisher

Détroit d'Hudson

Île Resolution

Cap Hopes Advance
Île Akpatok
Cap Chidley

PÉNINSULE D'UNGAVA

Baie d'Ungava
Baie aux Feuilles

MONTS TORNGAT

OCÉAN ATLANTIQUE

Baie d'Hudson

Îles Ottawa

ÎLES BELCHER

N

Cap Harrison

Pointe Louis-XIV

Grande rivière de la Baleine

Canairictok
TERRE-NEUVE
Gouel Ham...
Baie de Groswater

Grande Rivière

Baie James

MONTS HOPE
LABRADOR

Île AKIMISKI

Happy Valley Goose Bay
MONTS MEALY

Île Charlton

Eastmain

QUÉBEC

MONTS OTISH

Churchill

Rupert

B O U C L I E R

C A N A D I E N

Lac Mistassini

Lac Manicouagan

MONTS LONG RANGE

Chibougamau

Sept-Îles

Détroit de Jacques-Cartier

Île d'Anticosti

Corner Brook

Lac Abitibi

Réservoir Gouin

Rivière Mistassini

Rivière Péribonka

L E S   L A U R E N T I D E S

MONTS CHIC-CHOCS
PÉNINSULE DE LA GASPÉSIE

Cap Gaspé

Golfe du Saint-Laurent

Channel-Port-aux-Basques

Rouyn-Noranda

Lac Saint-Jean

Jonquière
Chicoutimi

Rimouski

Tadoussac

Cap de Ray

Réservoir Cabonga

Lac Témiscamingue

Rivière Saint-Maurice

MONTS NOTRE-DAME

Baie des Chaleurs

ÎLE-DU-PRINCE-ÉDOUARD

Rivière Gatineau

Rivière du Lièvre

Québec

NOUVEAU-

Lac Nipissing

Rivière des Ou...

Trois-Rivières

Sorel

BRUNSWICK

Fredericton

O N T A R I O

Hull
OTTAWA

Montréal

Saint-Hyacinthe

Sherbrooke

Lac Simcoe

Kingston

MONTAGNES BLANCHES

Lac Champlain

NOUVELLE-ÉCOSSE

Baie de Fundy

Lac Ontario

É T A T S - U N I S

Lac Érié

LÉGENDE

BASSES-TERRES
(0 m à 200 m)

PLAINES ET PLATEAUX
DE MOYENNE ALTITUDE
(200 m à 450 m)

MONTAGNES ET
HAUTS PLATEAUX
(Plus de 450 m)

Kilomètres   0   100   200   300

ÉCHELLE

Québec
MINES

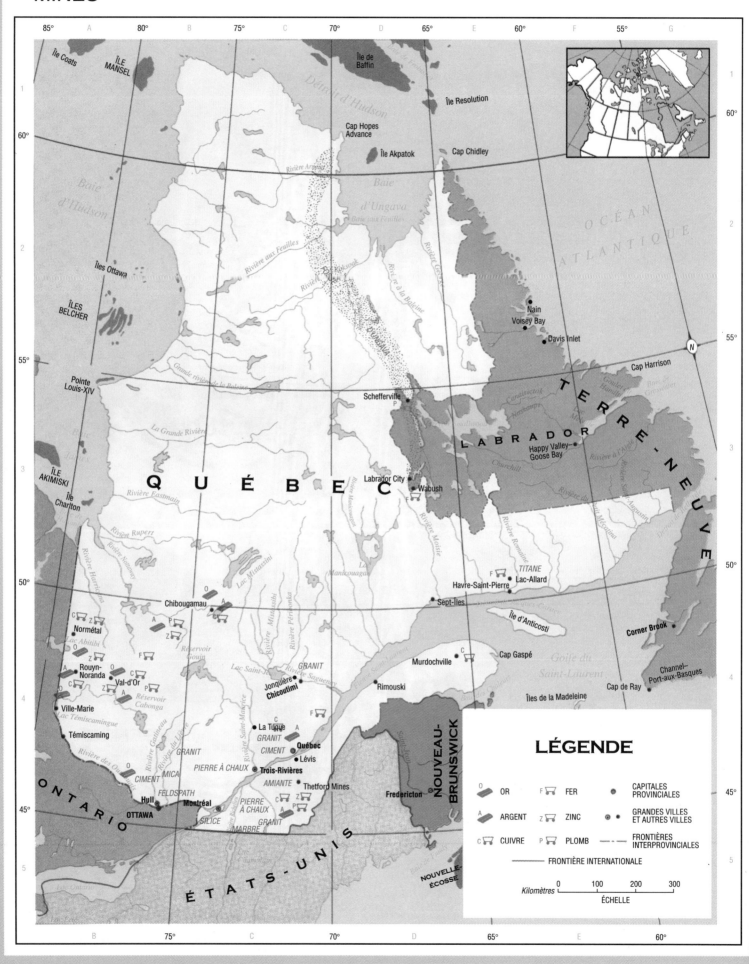

85° · A · 80° · B · 75° · C · 70° · D · 65° · E · 60° · F · 55° · G

Île Coats

ÎLE MANSEL

Île de Baffin

Détroit d'Hudson

Île Resolution

Cap Hopes Advance

Île Akpatok

Cap Chidley

Rivière Arnaud

Baie d'Hudson

Baie d'Ungava

Baie aux Feuilles

Îles Ottawa

Rivière aux Feuilles

Rivière Koksoak

Rivière Caniapiscau

Rivière à la Baleine

ÎLES BELCHER

Nain

Voisey Bay

Davis Inlet

Rivière George

OCÉAN ATLANTIQUE

Pointe Louis-XIV

Grande rivière de la Baleine

Cap Harrison

Schefferville
P

TERRE-NEUVE

LABRADOR

Happy Valley–Goose Bay

Goulet de Hamilton

Baie de Groswater

ÎLE AKIMISKI

La Grande Rivière

Baie James

Labrador City

Wabush
F

Churchill

Rivière Saint-Augustin

Île Charlton

Rivière Eastmain

QUÉBEC

Rivière Manicouagan

Rivière Moisie

Rivière Romaine

Rivière Rupert

Rivière Nottaway

Lac Mistassini

Rivière Péribonka

Rivière Mistassibi

Détroit de Mécatina

Rivière Harricana

Lac Manicouagan

TITANE
F
Lac-Allard

Havre-Saint-Pierre

Sept-Îles

Île d'Anticosti

Chibougamau
O
A

Corner Brook

Normétal
C Z

A
P

O
Z

Réservoir Gouin

GRANIT

Murdochville
C

Cap Gaspé

Golfe du Saint-Laurent

Channel–Port-aux-Basques

Lac Abitibi

O
Z

F

Rouyn-Noranda

O
C

Réservoir Cabonga

Lac Saint-Jean

Rivière Saguenay

Jonquière
Chicoutimi

Rimouski

Cap de Ray

Île de la Madeleine

Val-d'Or
O
C
Z
P

Ville-Marie

Lac Témiscamingue

F

ONTARIO

Rivière des Outaouais

Rivière Gatineau

Lac Témiscamingue

GRANIT

La Tuque
C
A

GRANIT
CIMENT

Québec

Lévis

Fleuve Saint-Laurent

NOUVEAU-BRUNSWICK

Témiscaming

PIERRE À CHAUX

AMIANTE

Thetford Mines

Fredericton

MICA

CIMENT

Trois-Rivières

Rivière Saint-Maurice

Hull

OTTAWA

FELDSPATH

Montréal

PIERRE À CHAUX

C F Z

SILICE

GRANIT

A P

MARBRE

ÉTATS-UNIS

NOUVELLE-ÉCOSSE

LÉGENDE

O	OR	F	FER	•	CAPITALES PROVINCIALES
A	ARGENT	Z	ZINC	◉	GRANDES VILLES ET AUTRES VILLES
C	CUIVRE	P	PLOMB	---	FRONTIÈRES INTERPROVINCIALES

———— FRONTIÈRE INTERNATIONALE

Kilomètres 0 · 100 · 200 · 300
ÉCHELLE

B · 75° · C · 70° · D · 65° · E · 60°

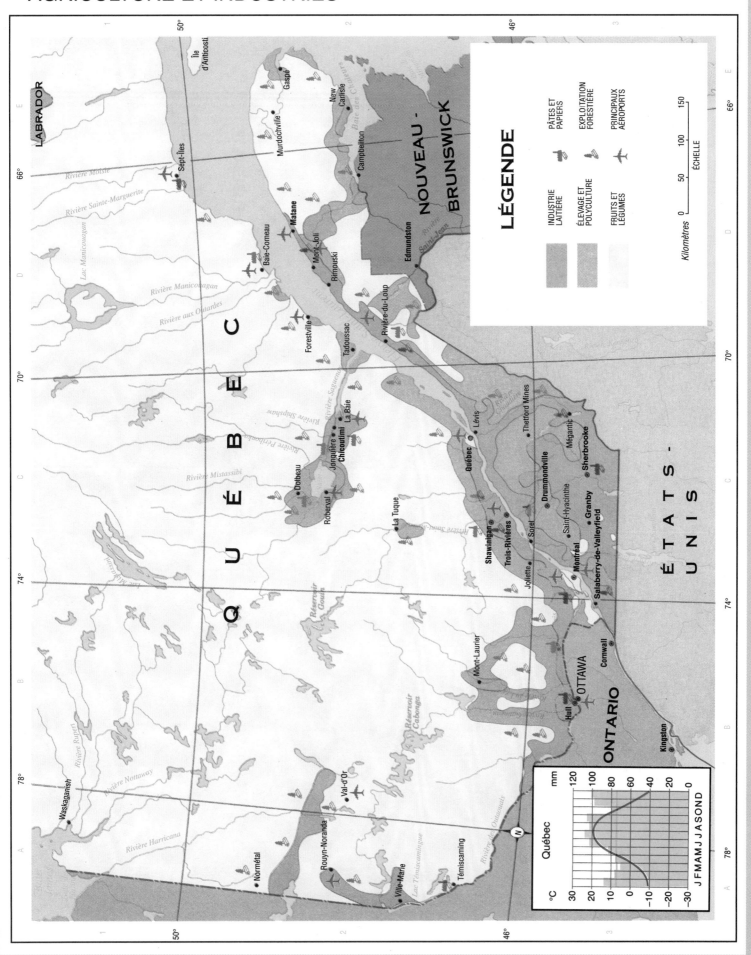

Québec
AGRICULTURE ET INDUSTRIES

Sud de l'Ontario
COMMUNICATIONS

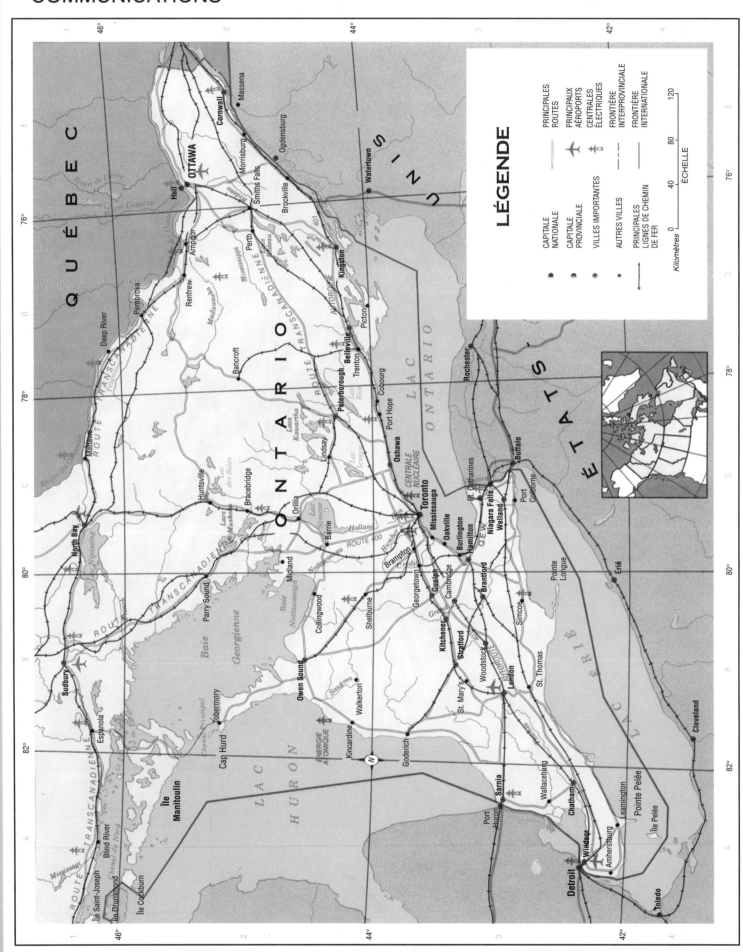

LÉGENDE

CAPITALE NATIONALE	PRINCIPALES ROUTES
CAPITALE PROVINCIALE	PRINCIPAUX AÉROPORTS
VILLES IMPORTANTES	CENTRALES ÉLECTRIQUES
AUTRES VILLES	FRONTIÈRE INTERPROVINCIALE
PRINCIPALES LIGNES DE CHEMIN DE FER	FRONTIÈRE INTERNATIONALE

ÉCHELLE

Kilomètres 0 40 80 120

QUÉBEC

ÉTATS UNIS

ONTARIO

LAC HURON

LAC ÉRIÉ

LAC ONTARIO

Baie Georgienne

Massena
Cornwall
Morrisburg
Ogdensburg
OTTAWA
Hull
Smiths Falls
Brockville
Watertown
Arnprior
Perth
Renfrew
Kingston
Pembroke
Picton
Deep River
Belleville
Trenton
Bancroft
Peterborough
Cobourg
Port Hope
Lindsay
Oshawa
Mattawa
Huntsville
Bracebridge
Toronto
Mississauga
Rochester
North Bay
Orillia
Oakville
St. Catharines
Barrie
Burlington
Hamilton
Niagara Falls
Buffalo
Brampton
Welland
Georgetown
Guelph
Port Colborne
Sudbury
Parry Sound
Cambridge
Brantford
Pointe Longue
Espanola
Collingwood
Shelburne
Kitchener
Stratford
Simcoe
Érié
Tobermory
Owen Sound
Woodstock
Cap Hurd
Walkerton
St. Mary's
London
St. Thomas
Cleveland
Île Manitoulin
Kincardine
Goderich
Wallaceburg
Leamington
Pointe Pelée
Blind River
Port Huron
Sarnia
Chatham
Île Pelée
Île Saint-Joseph
Île Drummond
Île Cockburn
Detroit
Windsor
Amherstburg
Toledo

Lac Simcoe
Lac Scugog
Lac Kawartha
Lac des Baies
Lac Nipissing
Lac Muskoka
Lac Rice

ROUTE TRANSCANADIENNE
ROUTE TRANSCANADIENNE
AUTOROUTE
ROUTE 400
ROUTE 401
Q.E.W.
AUTOROUTE

CENTRALE NUCLÉAIRE
ÉNERGIE ATOMIQUE

Rivière du Lièvre
Rivière Gatineau
Rivière des Outaouais
Mississippi
Madawaska
Rideau

N

Sud de l'Ontario
CARTE PHYSIQUE

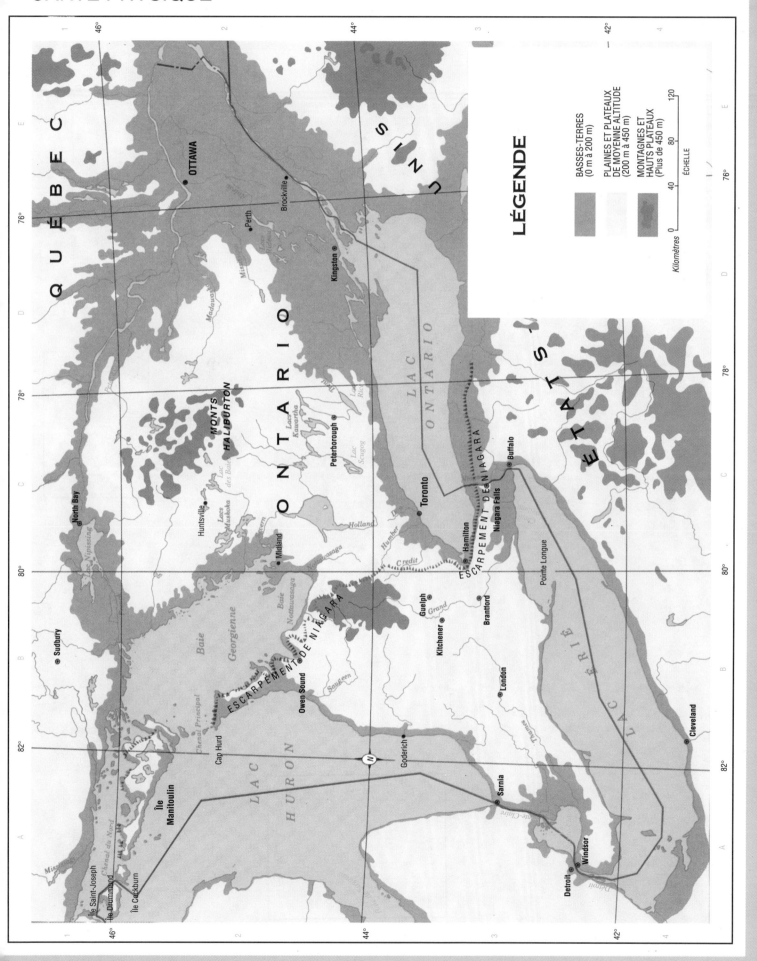

LÉGENDE

BASSES-TERRES
(0 m à 200 m)

PLAINES ET PLATEAUX
DE MOYENNE ALTITUDE
(200 m à 450 m)

MONTAGNES ET
HAUTS PLATEAUX
(Plus de 450 m)

ÉCHELLE

Kilomètres
0   40   80   120

QUÉBEC

ONTARIO

ÉTATS-UNIS

OTTAWA
Brockville
Perth
Kingston
North Bay
Huntsville
Peterborough
MONTS HALIBURTON
Sudbury
Midland
Owen Sound
Toronto
Hamilton
Niagara Falls
Buffalo
Pointe Longue
Cleveland
Guelph
Brantford
Kitchener
London
Goderich
Sarnia
Windsor
Detroit

Île Manitoulin
Île Saint-Joseph
Île Drummond
Île Cockburn

LAC ONTARIO
LAC ÉRIE
LAC HURON
Baie Georgienne
Baie Nottawasaga
Chenal Principal
Chenal du Nord
Cap Hurd

ESCARPEMENT DE NIAGARA

Lac Nipissing
Lacs Muskoka
Lac des Baies
Holland
Credit
Grand
Saugeen
Thames

Sud de l'Ontario
AGRICULTURE

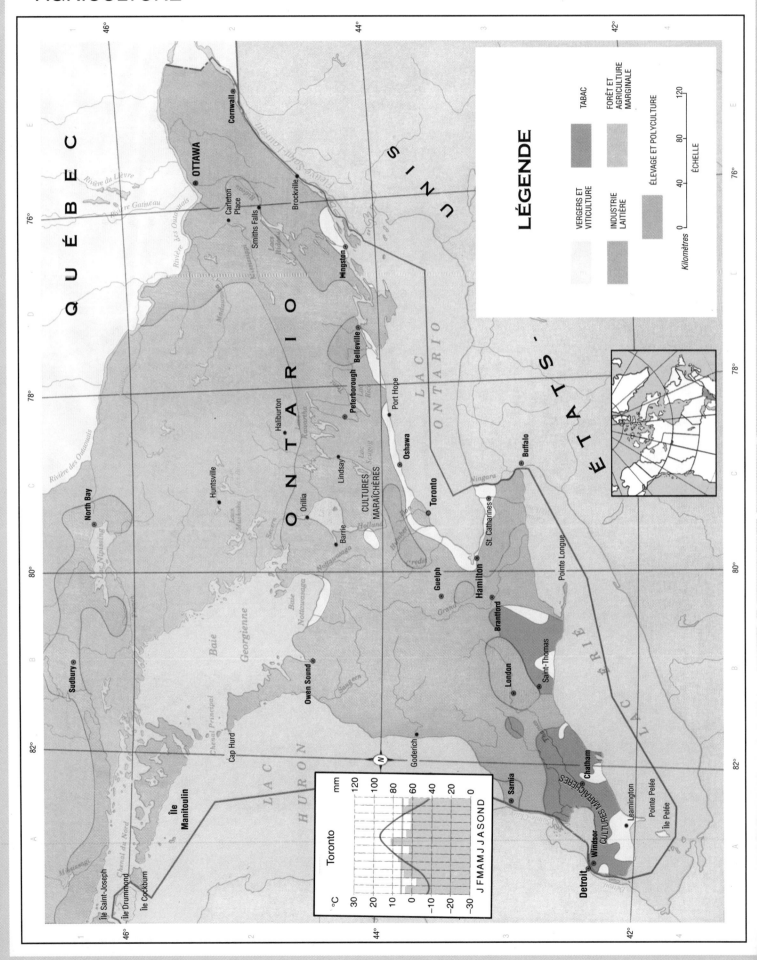

LÉGENDE

VERGERS ET VITICULTURE

TABAC

INDUSTRIE LAITIÈRE

FORÊT ET AGRICULTURE MARGINALE

ÉLEVAGE ET POLYCULTURE

ÉCHELLE

Kilomètres

0 40 80 120

QUÉBEC

ONTARIO

ÉTATS-UNIS

Rivière du Lièvre
Rivière Gatineau
Rivière des Outaouais
Rivière des Outaouais

OTTAWA
Cornwall
Carleton Place
Smiths Falls
Brockville
Kingston
Belleville
Peterborough
Port Hope
Oshawa
Lindsay
Haliburton
Huntsville
Orillia
Barrie
Toronto
CULTURES MARAÎCHÈRES
Buffalo
St. Catharines
Hamilton
Guelph
Brantford
London
Saint-Thomas
Pointe Longue
North Bay
Sudbury
Owen Sound
Cap Hurd
Goderich
Sarnia
Chatham
Leamington
Pointe Pelée
Île Pelée
Windsor
Detroit
CULTURES MARAÎCHÈRES

Île Manitoulin
Île Saint-Joseph
Île Drummond
Île Cockburn

LAC ONTARIO
LAC ÉRIÉ
LAC HURON
Baie Georgienne
Chenal du Nord
Chenal Principal

Fleuve Saint-Laurent
Niagara
Grand
Saugeen
Holland

N

Toronto
mm
120
100
80
60
40
20
0
°C
30
20
10
0
-10
-20
-30
J F M A M J J A S O N D

Sud de l'Ontario
MINES ET INDUSTRIES

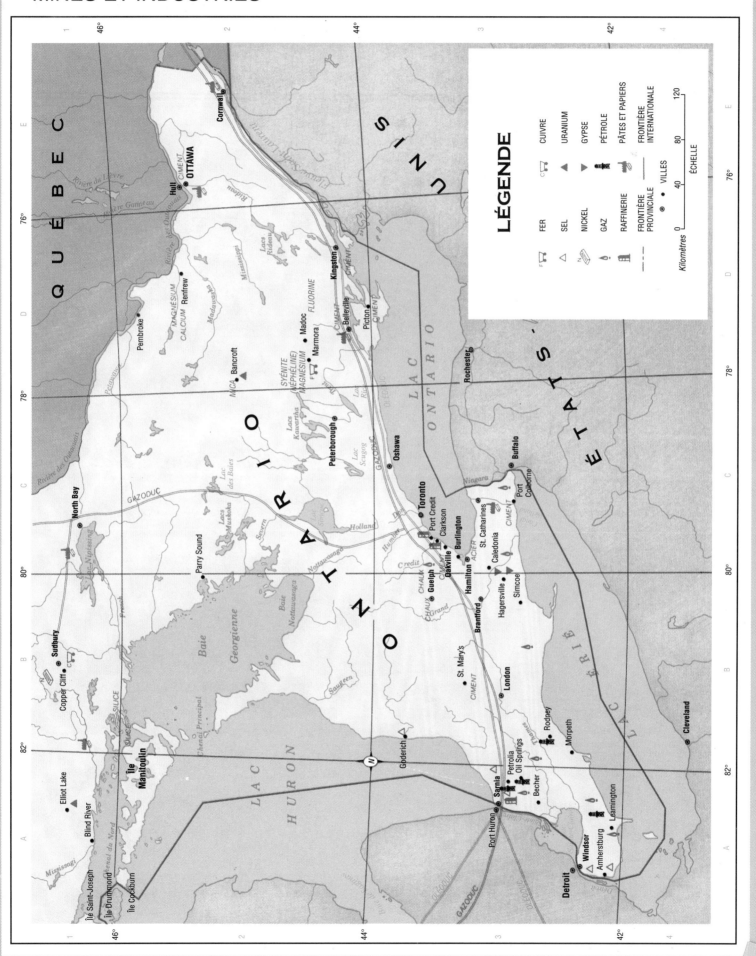

LÉGENDE

FER	CUIVRE	SEL	URANIUM
NICKEL	GYPSE	GAZ	PÉTROLE
RAFFINERIE	PÂTES ET PAPIERS		
FRONTIÈRE PROVINCIALE	FRONTIÈRE INTERNATIONALE	VILLES	

ÉCHELLE

Kilomètres   0   40   80   120

QUÉBEC

ÉTATS-UNIS

ONTARIO

Cornwall
OTTAWA
Hull   CIMENT
Kingston
Belleville
Picton   CIMENT
Madoc   FLUORINE
Marmora   MAGNÉSIUM
Renfrew   MAGNÉSIUM
Pembroke   CALCIUM
Bancroft   MICA
SYÉNITE (NÉPHÉLINE) MAGNÉSIUM
Peterborough
Oshawa
Toronto
Port Credit
Clarkson
Oakville
Burlington
Guelph
Hamilton   ACIER
St. Catharines
Caledonia
Simcoe
Hagersville
Brantford
London
St. Mary's   CIMENT
North Bay
Parry Sound
Sudbury
Copper Cliff
Elliot Lake
Blind River
Île Manitoulin
Île Saint-Joseph
Île Drummond
Île Cockburn
Goderich
Sarnia
Petrolia
Oil Springs
Becher
Port Huron
Windsor
Amherstburg
Leamington
Rodney
Morpeth
Detroit
Buffalo
Rochester
Cleveland
Port Colborne   CIMENT

LAC ONTARIO
LAC ÉRIÉ
LAC HURON
Baie Georgienne

GAZODUC
CIMENT
CHAUX
SLUICE

Niagara
Credit
Grand
Thames
Saugeen
Severn
Nottawasaga
Holland
Rivière des Outaouais
Fleuve Saint-Laurent
Rideau
Mississippi
Madawaska
Petawawa
Rivière du Lièvre
Rivière Gatineau
Lac Nipissing
Lac Muskoka
Lacs Kawartha
Lac Scugog
Lac Rideau
Lac Simcoe

Nord de l'Ontario
COMMUNICATIONS

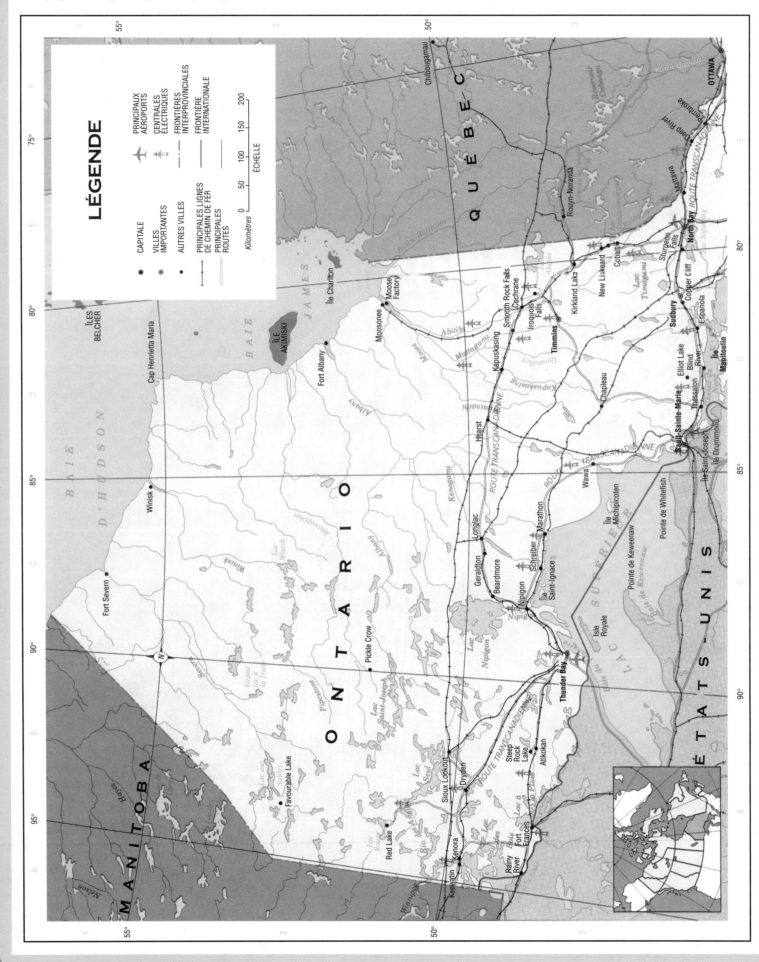

LÉGENDE

- CAPITALE
- VILLES IMPORTANTES
- AUTRES VILLES
- PRINCIPALES LIGNES DE CHEMIN DE FER
- PRINCIPALES ROUTES
- PRINCIPAUX AÉROPORTS
- CENTRALES ÉLECTRIQUES
- FRONTIÈRES INTERPROVINCIALES
- FRONTIÈRE INTERNATIONALE

ÉCHELLE

Kilomètres

0 50 100 150 200

Nord de l'Ontario
CARTE PHYSIQUE

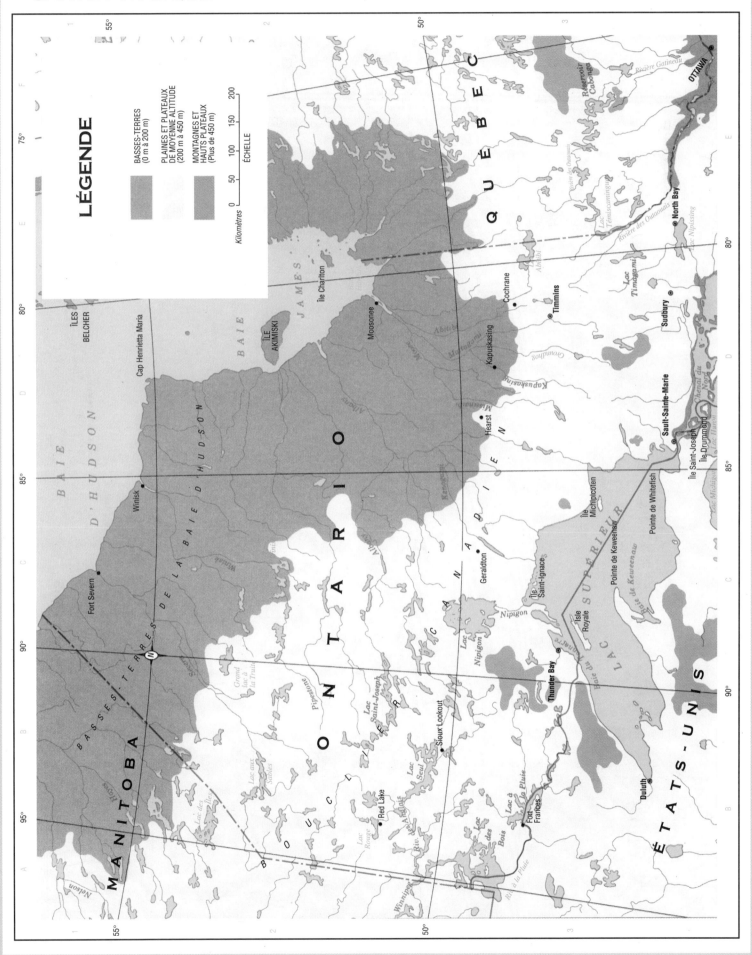

LÉGENDE

BASSES-TERRES
(0 m à 200 m)

PLAINES ET PLATEAUX
DE MOYENNE ALTITUDE
(200 m à 450 m)

MONTAGNES ET
HAUTS PLATEAUX
(Plus de 450 m)

ÉCHELLE

Kilomètres

0   50   100   150   200

Nord de l'Ontario
MINES ET INDUSTRIES

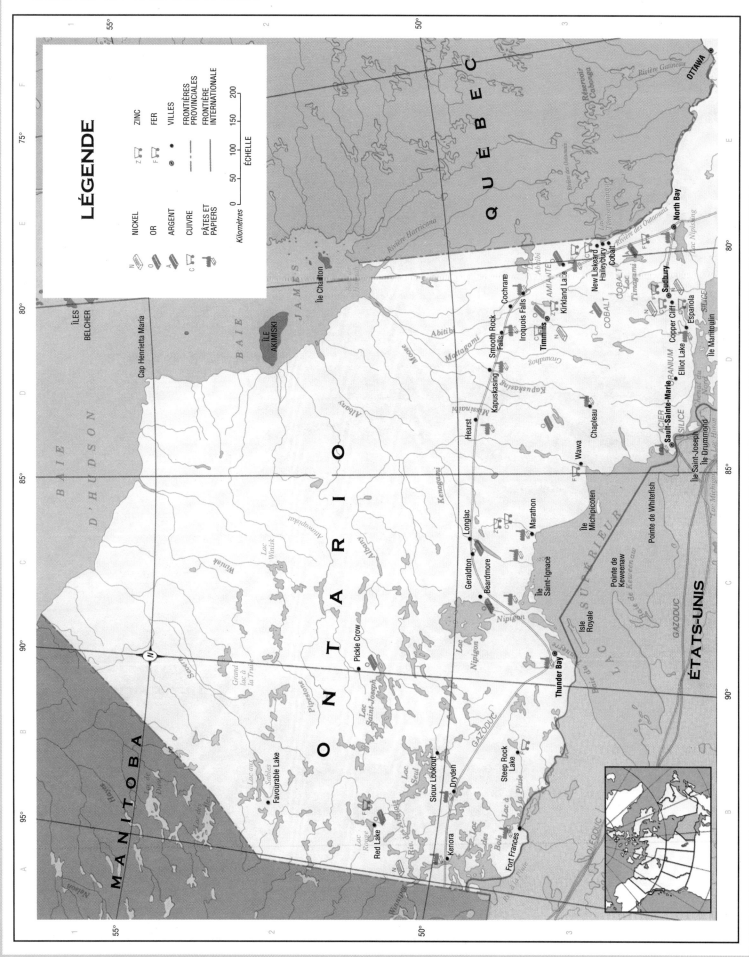

LÉGENDE

NICKEL
OR
ARGENT
CUIVRE
PÂTES ET
PAPIERS

ZINC
FER
VILLES
FRONTIÈRES
PROVINCIALES
FRONTIÈRE
INTERNATIONALE

ÉCHELLE

Kilomètres

0 50 100 150 200

Manitoba
COMMUNICATIONS

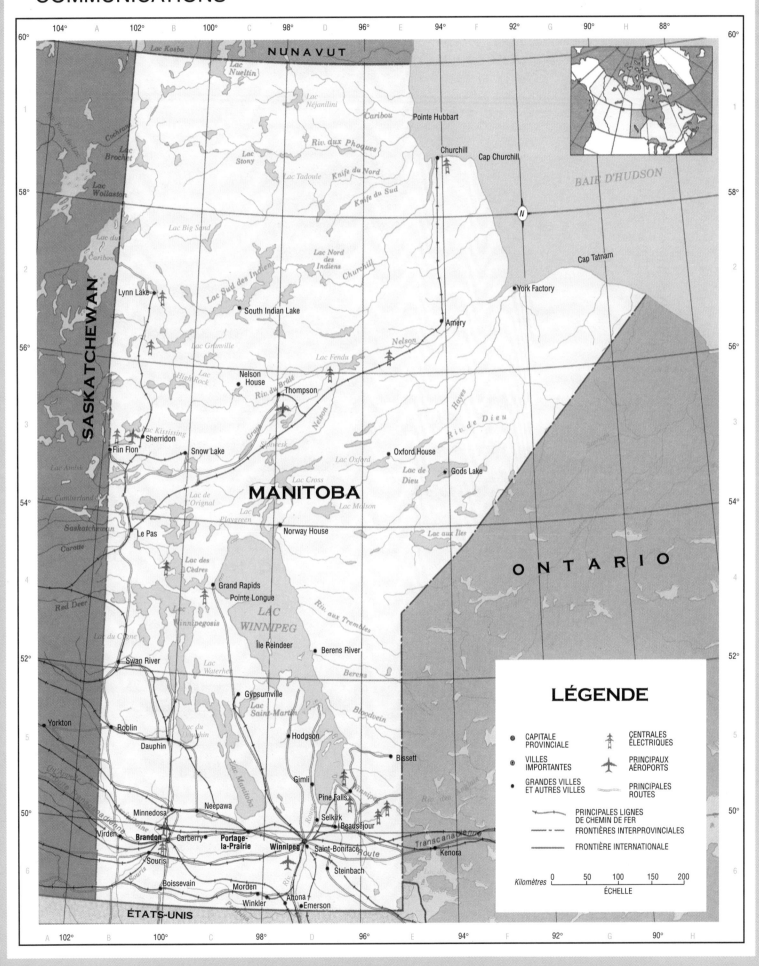

LÉGENDE

- CAPITALE PROVINCIALE
- VILLES IMPORTANTES
- GRANDES VILLES ET AUTRES VILLES
- CENTRALES ÉLECTRIQUES
- PRINCIPAUX AÉROPORTS
- PRINCIPALES ROUTES
- PRINCIPALES LIGNES DE CHEMIN DE FER
- FRONTIÈRES INTERPROVINCIALES
- FRONTIÈRE INTERNATIONALE

Kilomètres 0 50 100 150 200
ÉCHELLE

Manitoba
CARTE PHYSIQUE

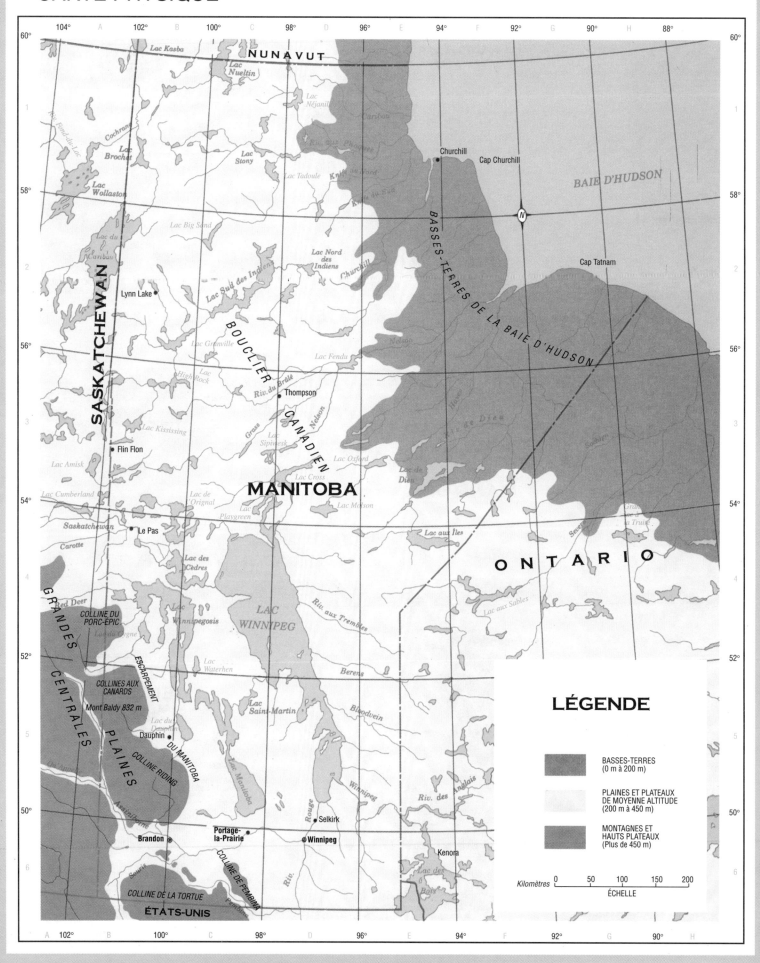

Lac Kasba
NUNAVUT
Lac Nueltin
Lac Néjanili
Caribou
Riv. Fond-du-Lac
Cochrane
Lac Stony
Lac Brochet
Churchill
Cap Churchill
Lac Tadoule
Knife du Nord
BAIE D'HUDSON
Lac Wollaston
Lac Big Sand
Knife du Sud
Lac du Caribou
Lac Nord des Indiens
Churchill
Cap Tatnam
SASKATCHEWAN
Lac Sud des Indiens
Lynn Lake
BOUCLIER
Lac Granville
Lac Fendu
Nelson
High Rock
Riv. du Brûlé
Thompson
CANADIEN
Grass
Lac Kississing
Lac Sipiwesk
Nelson
Flin Flon
Lac Oxford
Lac de Dieu
Lac Amisk
Lac Cross
MANITOBA
Lac Cumberland
Lac de l'Orignal
Lac Molson
Saskatchewan
Le Pas
Lac Playgreen
Lac aux Îles
Carotte
Lac des Cèdres
ONTARIO
Red Deer
GRANDES
COLLINE DU PORC-ÉPIC
Lac Winnipegosis
Riv. aux Trembles
Lac aux Sables
Lac du Cygne
LAC WINNIPEG
CENTRALES
ESCARPEMENT
Lac Waterhen
Berens
COLLINES AUX CANARDS
PLAINES
Lac Saint-Martin
Bloodvein
Mont Baldy 832 m
Lac du Dauphin
Dauphin
COLLINE RIDING
DU MANITOBA
Lac Manitoba
Winnipeg
Riv. des Anglais
Qu'Appelle
Assiniboine
Rouge
Selkirk
Souris
Brandon
Portage-la-Prairie
Winnipeg
COLLINE DE PEMBINA
Riv.
Kenora
COLLINE DE LA TORTUE
Pembina
Lac des Bois
ÉTATS-UNIS

LÉGENDE

BASSES-TERRES
(0 m à 200 m)

PLAINES ET PLATEAUX
DE MOYENNE ALTITUDE
(200 m à 450 m)

MONTAGNES ET
HAUTS PLATEAUX
(Plus de 450 m)

Kilomètres 0 50 100 150 200
ÉCHELLE

Manitoba
AGRICULTURE

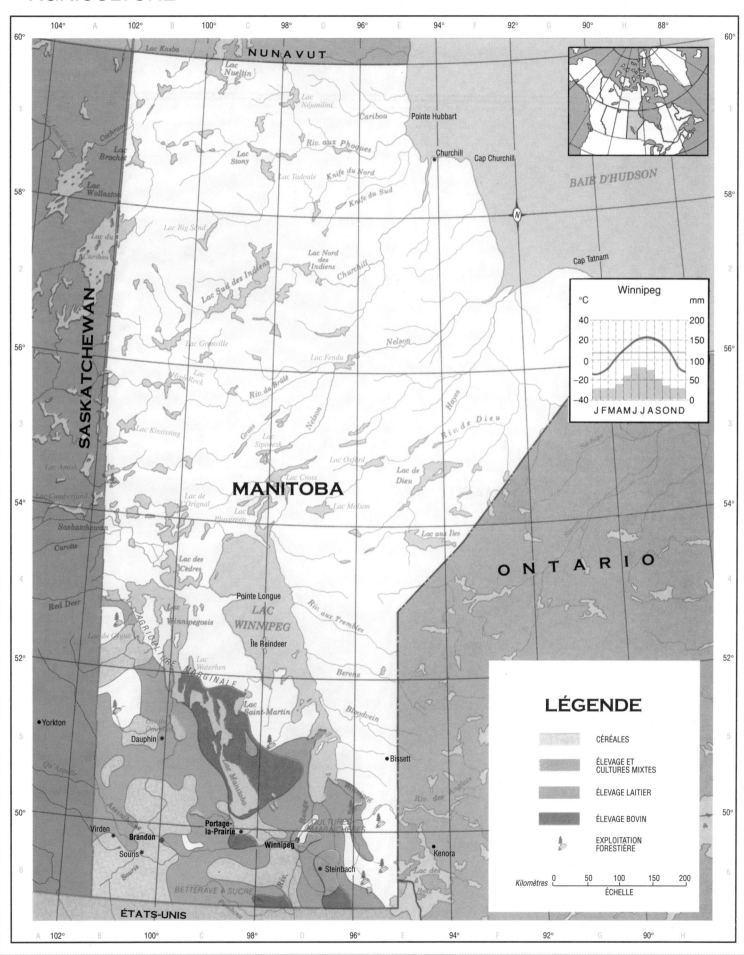

LÉGENDE

CÉRÉALES

ÉLEVAGE ET CULTURES MIXTES

ÉLEVAGE LAITIER

ÉLEVAGE BOVIN

EXPLOITATION FORESTIÈRE

Kilomètres 0 50 100 150 200
ÉCHELLE

Winnipeg

Manitoba
MINES ET INDUSTRIES

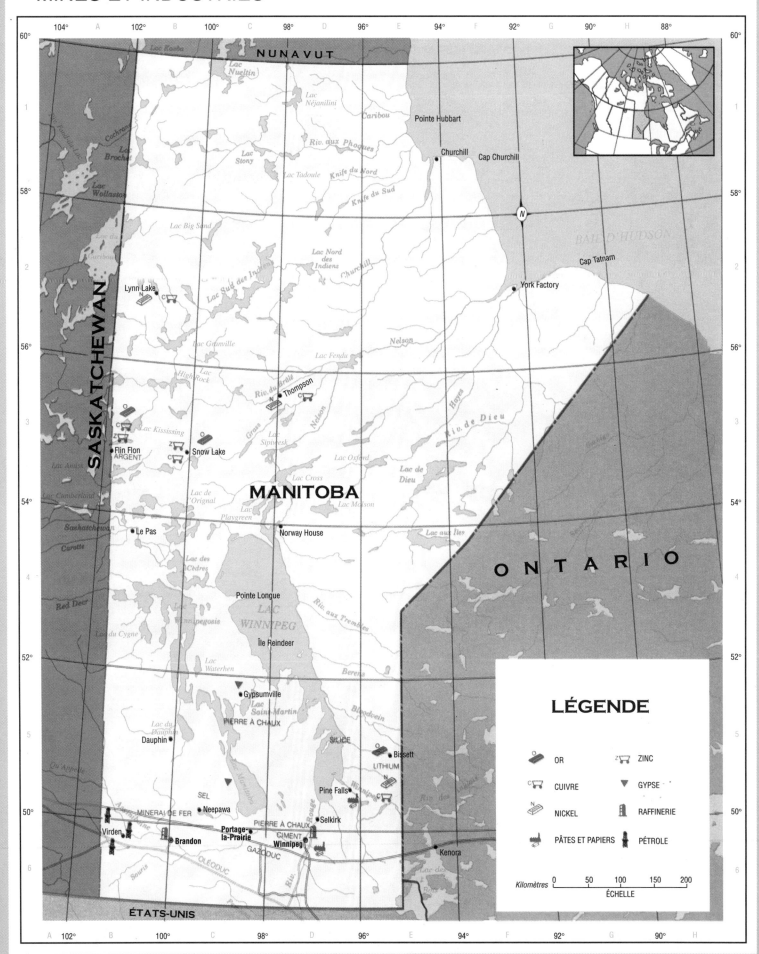

NUNAVUT

SASKATCHEWAN

MANITOBA

ONTARIO

ÉTATS-UNIS

BAIE D'HUDSON

Pointe Hubbart
Churchill · Cap Churchill
Cap Tatnam
York Factory

Lynn Lake
Thompson
Flin Flon
ARGENT
Snow Lake
Le Pas
Norway House
Pointe Longue
LAC WINNIPEG
Île Reindeer
Gypsumville
PIERRE À CHAUX
Dauphin
SILICE
Bissett
LITHIUM
Pine Falls
SEL
Neepawa
Virden
MINERAI DE FER
Brandon
Portage-la-Prairie
PIERRE À CHAUX
Selkirk
CIMENT
Winnipeg
GAZODUC
OLÉODUC
Kenora

LÉGENDE

	OR		ZINC
	CUIVRE		GYPSE
	NICKEL		RAFFINERIE
	PÂTES ET PAPIERS		PÉTROLE

Kilomètres 0   50   100   150   200
ÉCHELLE

Saskatchewan
COMMUNICATIONS

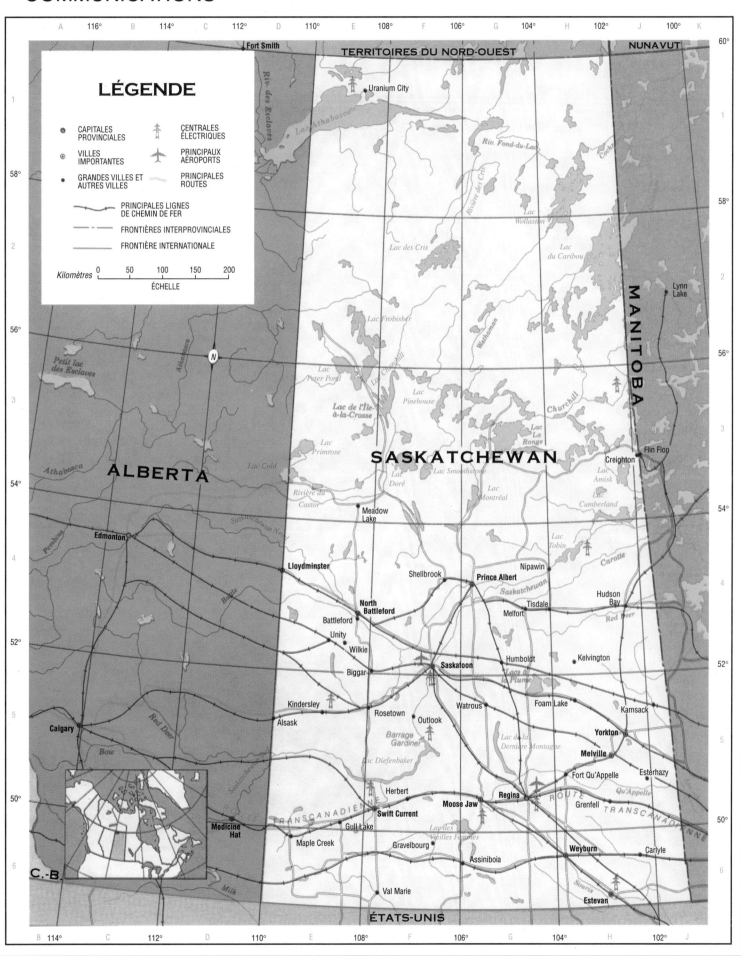

LÉGENDE

- CAPITALES PROVINCIALES
- VILLES IMPORTANTES
- GRANDES VILLES ET AUTRES VILLES
- CENTRALES ÉLECTRIQUES
- PRINCIPAUX AÉROPORTS
- PRINCIPALES ROUTES
- PRINCIPALES LIGNES DE CHEMIN DE FER
- FRONTIÈRES INTERPROVINCIALES
- FRONTIÈRE INTERNATIONALE

Kilomètres 0 50 100 150 200
ÉCHELLE

TERRITOIRES DU NORD-OUEST

NUNAVUT

Fort Smith

Uranium City

Riv. Fond-du-Lac

Lac Athabasca

Lac Wollaston

Lac des Cris

Lac du Caribou

MANITOBA

Lynn Lake

Lac Frobisher

Wathaman

Lac Peter Pond

Lac Churchill

Lac Pinehouse

Lac La Ronge

Churchill

Lac de l'Ile-à-la-Crosse

Flin Flon

Creighton

Lac Amisk

Lac Primrose

Lac Cold

SASKATCHEWAN

Lac Doré

Lac Smoothstone

Lac Montréal

Lac Cumberland

ALBERTA

Athabasca

Rivière du Castor

Saskatchewan Nord

Meadow Lake

Lac Tobin

Carotte

Edmonton

Lloydminster

Shellbrook

Nipawin

Prince Albert

Saskatchewan

Hudson Bay

Red Deer

North Battleford

Tisdale

Melfort

Battleford

Unity

Wilkie

Humboldt

Kelvington

Biggar

Saskatoon

Lac aux Plume

Kindersley

Rosetown

Watrous

Foam Lake

Kamsack

Alsask

Outlook

Lac de la Dernière Montagne

Yorkton

Calgary

Red Deer

Barrage Gardiner

Melville

Bow

Lac Diefenbaker

Fort Qu'Appelle

Esterhazy

Qu'Appelle

Herbert

Regina

ROUTE TRANSCANADIENNE

C.-B.

Medicine Hat

Swift Current

Moose Jaw

Grenfell

TRANSCANADIENNE

Gull Lake

Lac des Vieilles Femmes

Maple Creek

Gravelbourg

Weyburn

Carlyle

Milk

Val Marie

Assiniboia

Souris

Estevan

ÉTATS-UNIS

Saskatchewan
CARTE PHYSIQUE

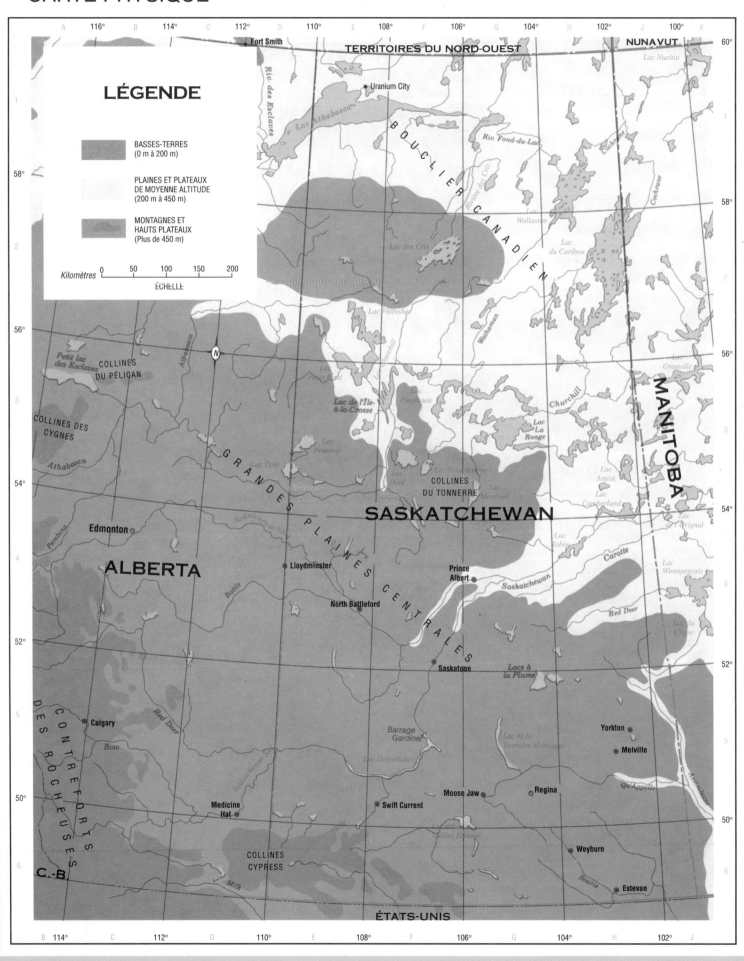

LÉGENDE

BASSES-TERRES
(0 m à 200 m)

PLAINES ET PLATEAUX
DE MOYENNE ALTITUDE
(200 m à 450 m)

MONTAGNES ET
HAUTS PLATEAUX
(Plus de 450 m)

Kilomètres 0 50 100 150 200
ÉCHELLE

TERRITOIRES DU NORD-OUEST   NUNAVUT

Fort Smith

Lac Nueltin

Uranium City

Riv. des Esclaves

Lac Athabasca

B O U C L I E R   C A N A D I E N

Riv. Fond-du-Lac

Rivière des Cris

Cochrane

Lac Wollaston

Lac des Cris

Lac du Caribou

Cochrane

Lac Frobisher

Lac Granville

Petit lac des Esclaves

COLLINES DU PÉLICAN

Athabasca

Lac Peter Pond

Lac Churchill

Washaman

COLLINES DES CYGNES

Athabasca

Lac de l'Île-à-la-Crosse

Lac Pinehouse

Churchill

Lac La Ronge

Lac Amisk

MANITOBA

Lac Primrose

Lac Cold

GRANDES PLAINES CENTRALES

Lac Doré

Lac Smoothstone

COLLINES DU TONNERRE

Lac Montréal

Lac Cumberland

Lac de l'Orignal

SASKATCHEWAN

Edmonton

Saskatchewan No

Lac Tobin

Lac Winnipegosis

Lloydminster

Carotte

ALBERTA

Prince Albert

Saskatchewan

Pembina

Battle

North Battleford

Red Deer

Lac du Cygne

Saskatoon

Lacs à la Plume

Calgary

Red Deer

Barrage Gardiner

Lac de la Dernière Montagne

Yorkton

C O N T R E F O R T S   D E S   R O C H E U S E S

Bow

Saskatchewan Sm

Lac Diefenbaker

Melville

Moose Jaw

Regina

Qu'Appelle

Assiniboine

Medicine Hat

Swift Current

Weyburn

C.-B.

COLLINES CYPRESS

Milk

Vieilles Femmes

Souris

Estevan

ÉTATS-UNIS

Saskatchewan
AGRICULTURE

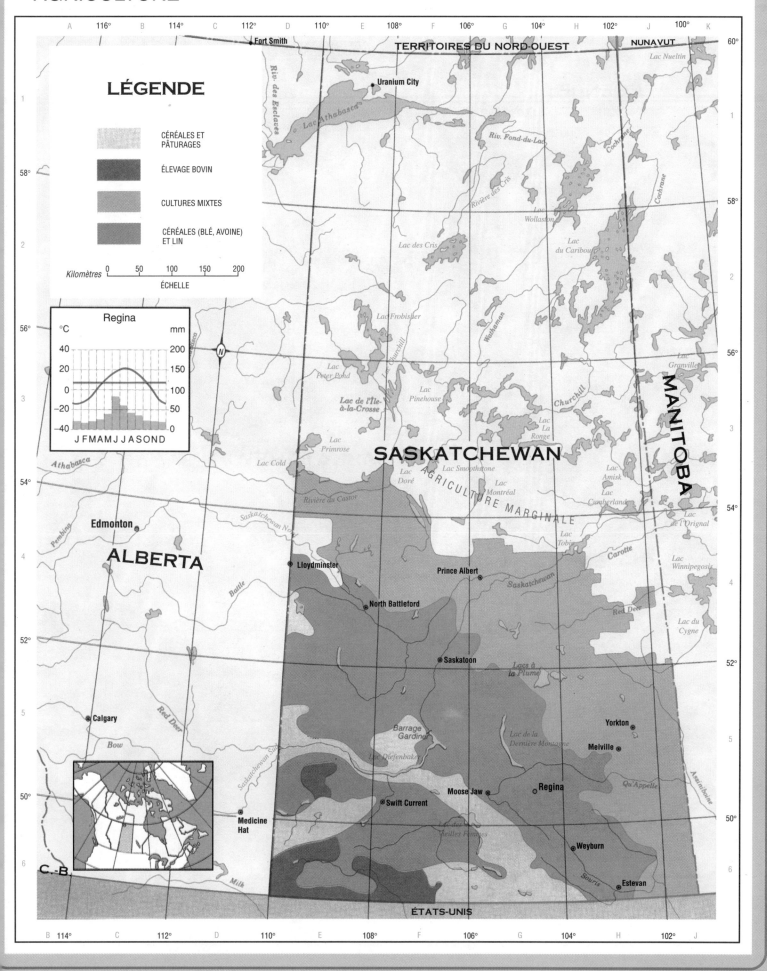

LÉGENDE

CÉRÉALES ET PÂTURAGES

ÉLEVAGE BOVIN

CULTURES MIXTES

CÉRÉALES (BLÉ, AVOINE) ET LIN

Kilomètres 0 50 100 150 200
ÉCHELLE

Regina
°C   mm
40   200
20   150
0   100
-20   50
-40   0
J F M A M J J A S O N D

TERRITOIRES DU NORD-OUEST   NUNAVUT

Fort Smith

Lac Nueltin

Uranium City

Lac Athabasca

Riv. Fond-du-Lac

Rivière des Cris

Lac Wollaston

Lac des Cris

Lac du Caribou

Lac Frobisher

Wadhaman

Lac Granville

MANITOBA

Lac Peter Pond

Lac Pinehouse

Churchill

Lac La Ronge

Lac de l'Île-à-la-Crosse

SASKATCHEWAN

Lac Primrose

Lac Smoothstone

Lac Amisk

Lac Cold

Lac Doré

Lac Montréal

Lac Cumberland

AGRICULTURE MARGINALE

Rivière du Castor

Lac de l'Orignal

Saskatchewan Nord

Lac Tobin

Athabasca

Carotte

Lac Winnipegosis

Edmonton

ALBERTA

Lloydminster

Prince Albert

Saskatchewan

Battle

North Battleford

Red Deer

Lac du Cygne

Pembina

Saskatoon

Lacs à la Plume

Calgary

Red Deer

Bow

Barrage Gardiner

Lac de la Dernière Montagne

Yorkton

Melville

Lac Diefenbaker

Qu'Appelle

Assiniboine

Moose Jaw

Regina

Swift Current

Medicine Hat

Weyburn

C.-B.

Milk

Vieilles Femmes

Souris

Estevan

ÉTATS-UNIS

Saskatchewan
MINES ET INDUSTRIES

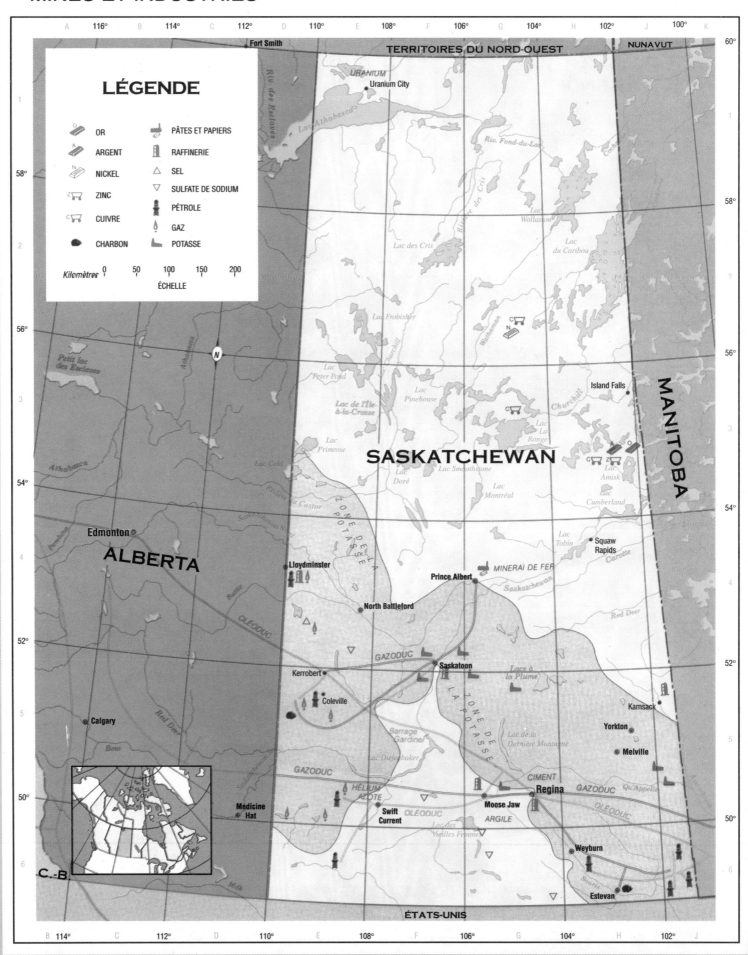

LÉGENDE

OR		PÂTES ET PAPIERS	
ARGENT		RAFFINERIE	
NICKEL		SEL	
ZINC		SULFATE DE SODIUM	
CUIVRE		PÉTROLE	
CHARBON		GAZ	
		POTASSE	

Kilomètres 0 50 100 150 200
ÉCHELLE

TERRITOIRES DU NORD-OUEST   NUNAVUT

Fort Smith

URANIUM
Uranium City

Lac Athabasca

Riv. Fond-du-Lac

Lac Wollaston

Lac des Cris

Lac du Caribou

Lac Frobisher

Island Falls

MANITOBA

Lac Peter Pond

Lac Pinehouse

Lac de l'Île-à-la-Crosse

Lac La Ronge

Lac Primrose

SASKATCHEWAN

Lac Doré

Lac Smoothstone

Lac Montréal

Lac Amisk

Lac Cumberland

Lac Cold

ALBERTA

Edmonton

ZONE DE LA POTASSE

Lloydminster

Lac Tobin

Squaw Rapids

MINERAI DE FER

Prince Albert

North Battleford

Red Deer

GAZODUC

Saskatoon

Kerrobert

Coleville

Lacs à la Plume

Kamsack

Calgary

Barrage Gardiner

Lac de la Dernière Montagne

Yorkton

ZONE DE LA POTASSE

Melville

GAZODUC

Lac Diefenbaker

CIMENT

Regina

GAZODUC

Qu'Appelle

HÉLIUM AZOTE

Medicine Hat

Swift Current

OLÉODUC

Moose Jaw

ARGILE

OLÉODUC

Lacs des Vieilles Femmes

Weyburn

Souris

Estevan

C.-B.

ÉTATS-UNIS

Alberta
COMMUNICATIONS

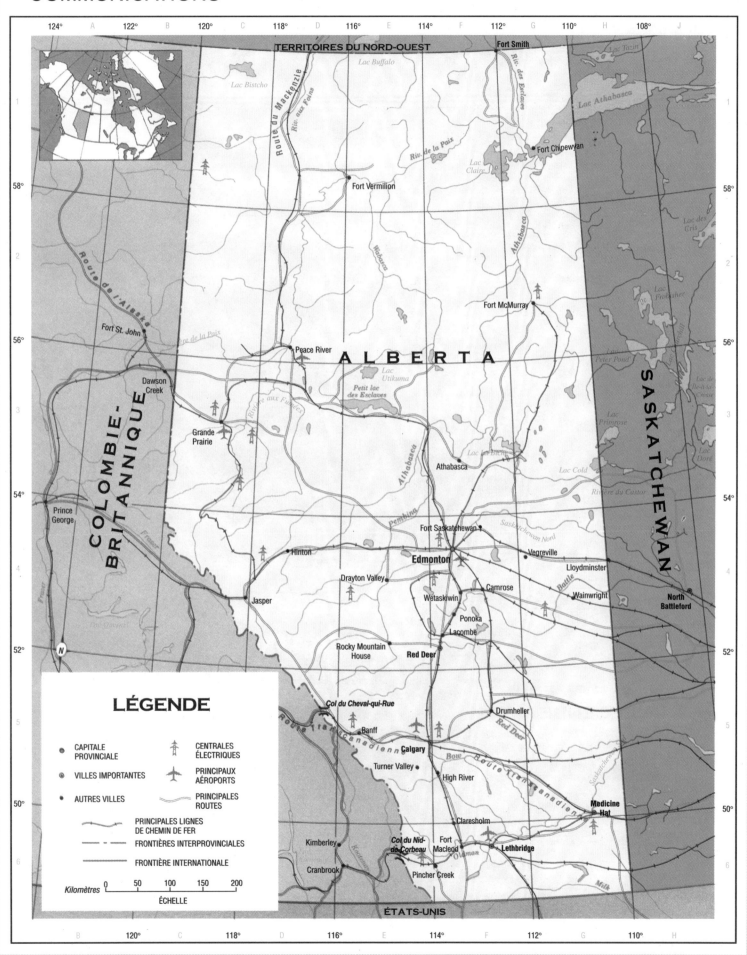

TERRITOIRES DU NORD-OUEST

Lac Buffalo

Lac Bistcho

Fort Smith

Lac Athabasca

Fort Chipewyan

Lac Claire

Fort Vermilion

ALBERTA

Fort McMurray

SASKATCHEWAN

Peace River

Fort St. John

Lac Utikuma

Dawson Creek

COLOMBIE-BRITANNIQUE

Petit lac des Esclaves

Peter Pond

Grande Prairie

Athabasca

Lac la Biche

Lac Cold

Prince George

Hinton

Fort Saskatchewan

Vegreville

Edmonton

Lloydminster

Drayton Valley

Camrose

Wetaskiwin

Wainwright

North Battleford

Jasper

Ponoka

Lacombe

Rocky Mountain House

Red Deer

LÉGENDE

Col du Cheval-qui-Rue

Drumheller

Banff

Calgary

Turner Valley

High River

- ● CAPITALE PROVINCIALE
- ◉ VILLES IMPORTANTES
- • AUTRES VILLES
- ⚡ CENTRALES ÉLECTRIQUES
- ✈ PRINCIPAUX AÉROPORTS
- 〜 PRINCIPALES ROUTES
- —|—|— PRINCIPALES LIGNES DE CHEMIN DE FER
- —·—·— FRONTIÈRES INTERPROVINCIALES
- ——— FRONTIÈRE INTERNATIONALE

Medicine Hat

Claresholm

Kimberley

Col du Nid-de-Corbeau

Fort Macleod

Lethbridge

Cranbrook

Pincher Creek

Kilomètres 0 50 100 150 200

ÉCHELLE

ÉTATS-UNIS

Alberta
CARTE PHYSIQUE

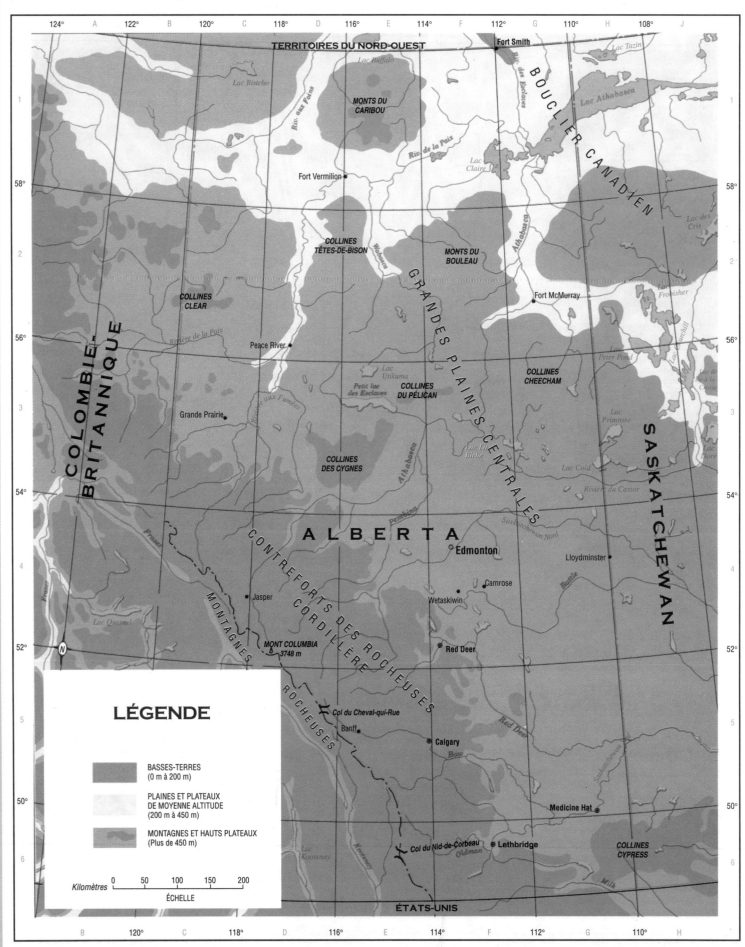

TERRITOIRES DU NORD-OUEST

Fort Smith

B O U C L I E R   C A N A D I E N

Lac Tazin

Lac Buffalo

Lac Bistcho

MONTS DU CARIBOU

Riv. des Esclaves

Lac Athabasca

Riv. aux Foins

Riv. de la Paix

Lac Claire

Fort Vermilion

Lac des Cris

COLLINES TÊTES-DE-BISON

MONTS DU BOULEAU

G R A N D E S   P L A I N E S   C E N T R A L E S

Wabasca

COLLINES CLEAR

Athabasca

Fort McMurray

Lac Frobisher

Rivière de la Paix

Peace River

COLOMBIE-BRITANNIQUE

Lac Utikuma

COLLINES DU PÉLICAN

COLLINES CHEECHAM

Lac Peter Pond

Lac Churchill

Petit lac des Esclaves

Grande Prairie

Rivière aux Fumées

Lac Primrose

Lac Île-à-la-Crosse

SASKATCHEWAN

COLLINES DES CYGNES

Lac Biche

Lac Cold

Lac Doré

Athabasca

Pembina

Rivière du Castor

Saskatchewan Nord

A L B E R T A

Fraser

Edmonton

Lloydminster

C O N T R E F O R T S   D E S   R O C H E U S E S

Camrose

Battle

M O N T A G N E S

Jasper

Wetaskiwin

Lac Quesnel

C O R D I L L È R E

MONT COLUMBIA 3748 m

Red Deer

R O C H E U S E S

Col du Cheval-qui-Rue

Banff

Red Deer

Calgary

Bow

Saskatchewan

Medicine Hat

Lac Kootenay

Col du Nid-de-Corbeau

Lethbridge

COLLINES CYPRESS

Oldman

Kootenay

Milk

ÉTATS-UNIS

LÉGENDE

BASSES-TERRES
(0 m à 200 m)

PLAINES ET PLATEAUX
DE MOYENNE ALTITUDE
(200 m à 450 m)

MONTAGNES ET HAUTS PLATEAUX
(Plus de 450 m)

Kilomètres   0   50   100   150   200
ÉCHELLE

Alberta
AGRICULTURE

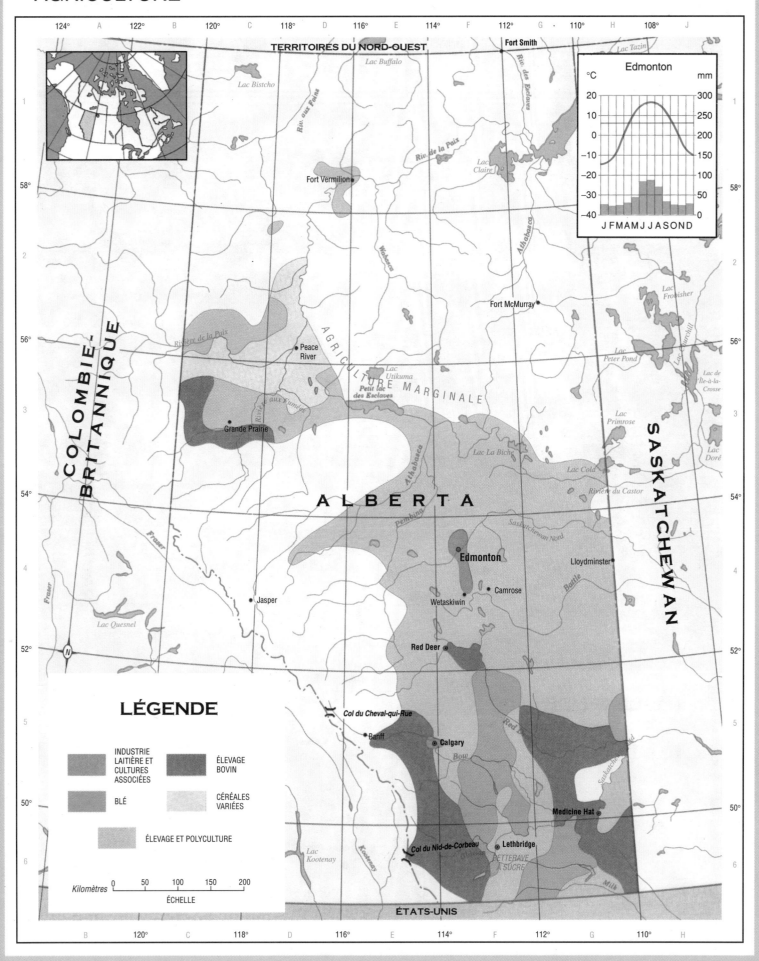

Edmonton

°C — mm

TERRITOIRES DU NORD-OUEST

Fort Smith

COLOMBIE-BRITANNIQUE

AGRICULTURE MARGINALE

SASKATCHEWAN

ALBERTA

Fort Vermilion

Peace River

Grande Prairie

Fort McMurray

Jasper

Edmonton

Lloydminster

Camrose

Wetaskiwin

Red Deer

Col du Cheval-qui-Rue

Banff

Calgary

Medicine Hat

Col du Nid-de-Corbeau

Lethbridge

ÉTATS-UNIS

LÉGENDE

- INDUSTRIE LAITIÈRE ET CULTURES ASSOCIÉES
- ÉLEVAGE BOVIN
- BLÉ
- CÉRÉALES VARIÉES
- ÉLEVAGE ET POLYCULTURE

Kilomètres 0 50 100 150 200

ÉCHELLE

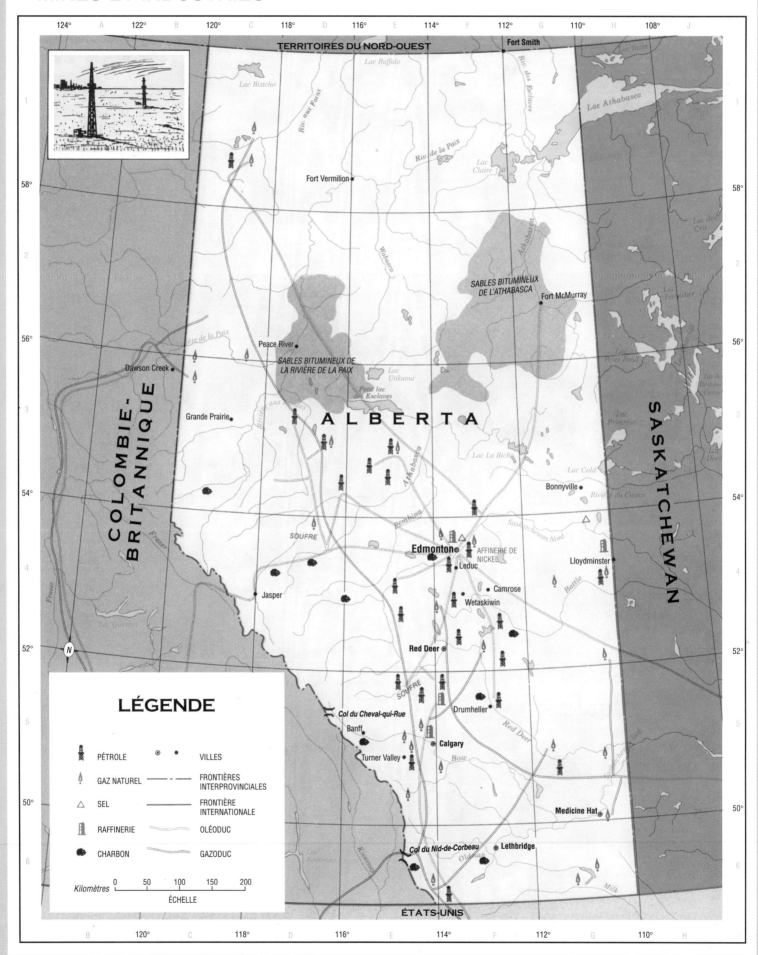

Alberta
MINES ET INDUSTRIES

TERRITOIRES DU NORD-OUEST
Fort Smith

Lac Buffalo

Lac Bistcho

Riv. des Esclaves

Lac Tazin

Lac Athabasca

Riv. aux Foins

Riv. de la Paix

Fort Vermilion

Lac Claire

Lac des Cris

SABLES BITUMINEUX
DE L'ATHABASCA
Fort McMurray

Wabasca

Athabasca

SABLES BITUMINEUX DE
LA RIVIÈRE DE LA PAIX

Peace River

Rivière de la Paix

Lac
Utikuma

Lac
Peter Pond

Dawson Creek

Rivière aux Foins

COLOMBIE-BRITANNIQUE

Grande Prairie

Petit lac
des Esclaves

A L B E R T A

SASKATCHEWAN

Lac La Biche

Lac Primrose

Athabasca

Bonnyville

Lac Cold

Rivière du Castor

SOUFRE

Pembina

Saskatchewan Nord

AFFINERIE DE
NICKEL

Edmonton
Leduc

Lloydminster

Jasper

Camrose

Battle

Wetaskiwin

Fraser

Red Deer

SOUFRE

Drumheller

Red Deer

Col du Cheval-qui-Rue
Banff

Turner Valley

Calgary

Bow

Medicine Hat

Col du Nid-de-Corbeau
Lethbridge

Oldman

Milk

ÉTATS-UNIS

LÉGENDE

PÉTROLE	⊙ •	VILLES
GAZ NATUREL	—·—	FRONTIÈRES INTERPROVINCIALES
SEL	△	FRONTIÈRE INTERNATIONALE
RAFFINERIE		OLÉODUC
CHARBON		GAZODUC

Kilomètres
0   50   100   150   200
ÉCHELLE

Colombie-Britannique
COMMUNICATIONS

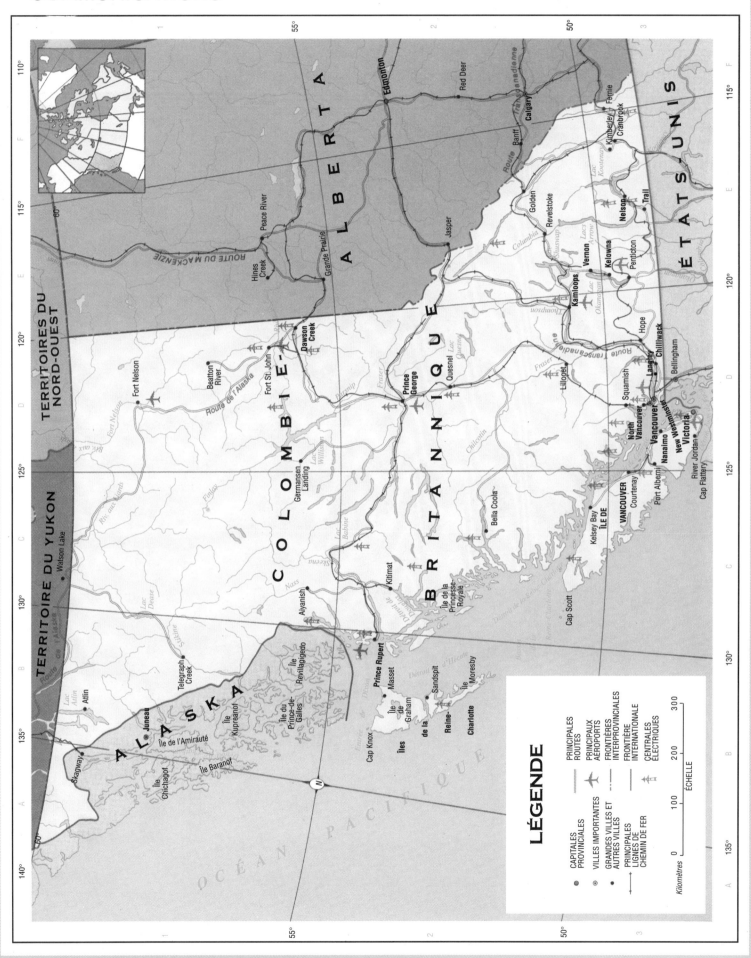

LÉGENDE

CAPITALES PROVINCIALES

VILLES IMPORTANTES

GRANDES VILLES ET AUTRES VILLES

PRINCIPALES LIGNES DE CHEMIN DE FER

PRINCIPALES ROUTES

PRINCIPAUX AÉROPORTS

FRONTIÈRES INTERPROVINCIALES

FRONTIÈRE INTERNATIONALE

CENTRALES ÉLECTRIQUES

ÉCHELLE

Kilomètres 0 100 200 300

Colombie-Britannique
CARTE PHYSIQUE

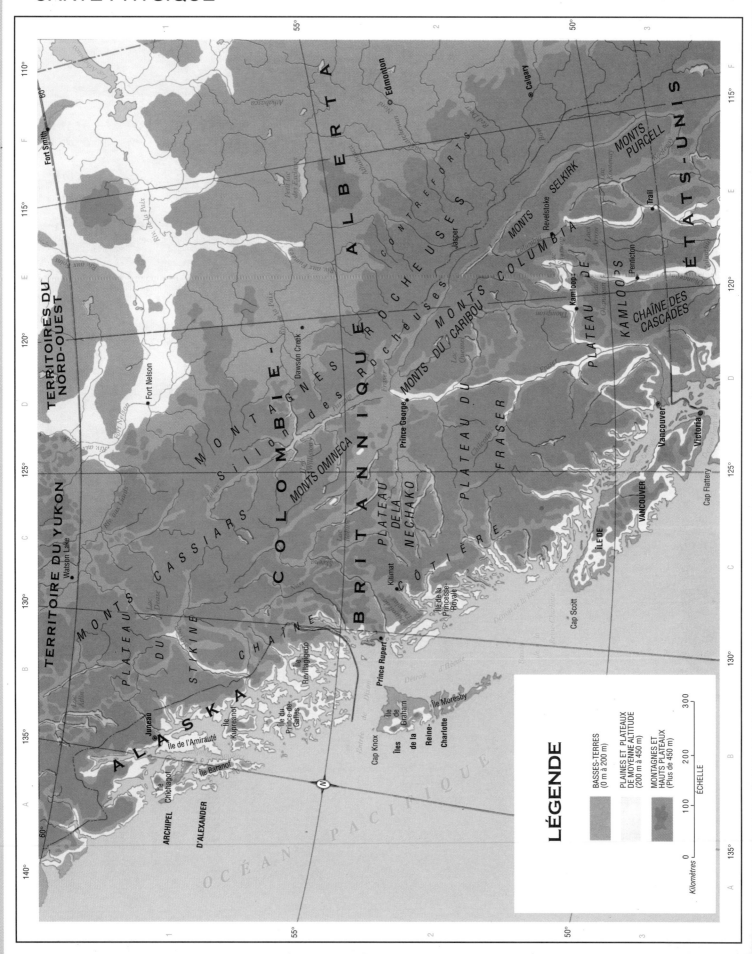

LÉGENDE

BASSES-TERRES
(0 m à 200 m)

PLAINES ET PLATEAUX
DE MOYENNE ALTITUDE
(200 m à 450 m)

MONTAGNES ET
HAUTS PLATEAUX
(Plus de 450 m)

ÉCHELLE

Kilomètres   0   100   200   300

Colombie-Britannique
AGRICULTURE

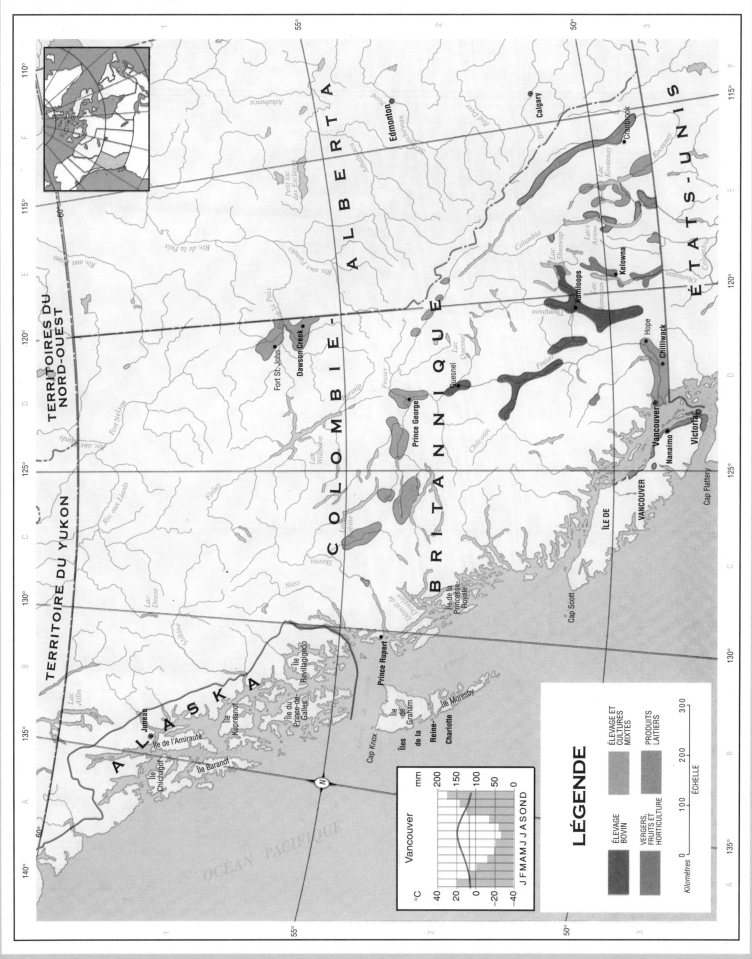

LÉGENDE

ÉLEVAGE ET CULTURES MIXTES

PRODUITS LAITIERS

ÉLEVAGE BOVIN

VERGERS, FRUITS ET HORTICULTURE

ÉCHELLE

Kilomètres 0 100 200 300

Vancouver

Colombie-Britannique
MINES ET INDUSTRIES

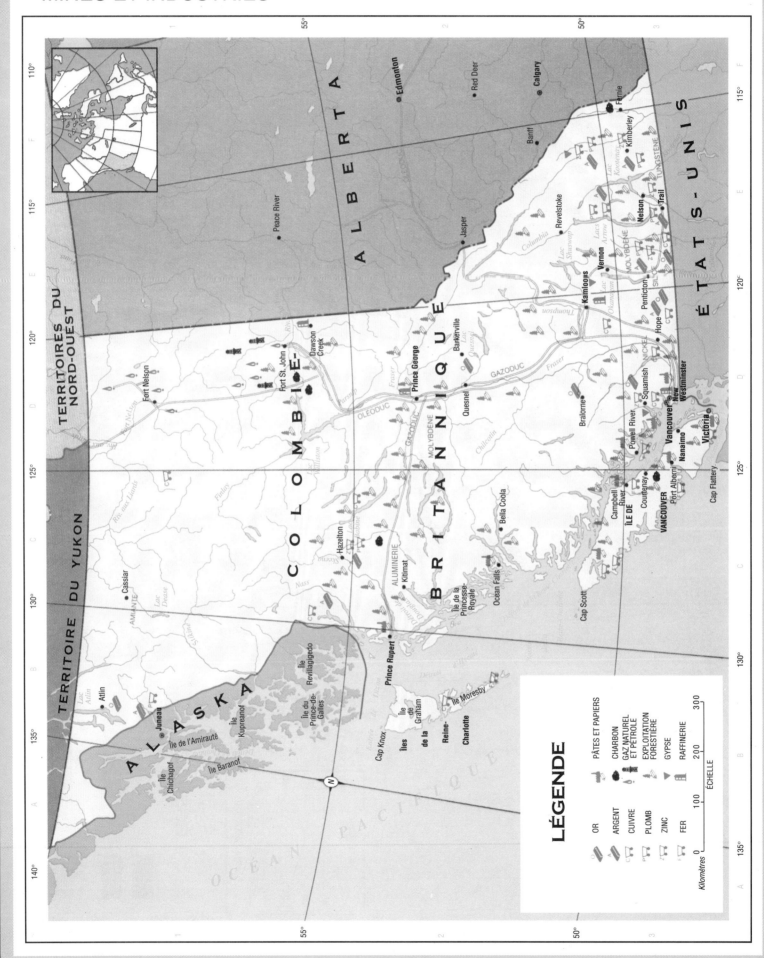

LÉGENDE

OR	PÂTES ET PAPIERS
ARGENT	CHARBON
CUIVRE	GAZ NATUREL ET PÉTROLE
PLOMB	EXPLOITATION FORESTIÈRE
ZINC	GYPSE
FER	RAFFINERIE

ÉCHELLE

Kilomètres 0 100 200 300

Les Grands Lacs et la Voie maritime du Saint-Laurent

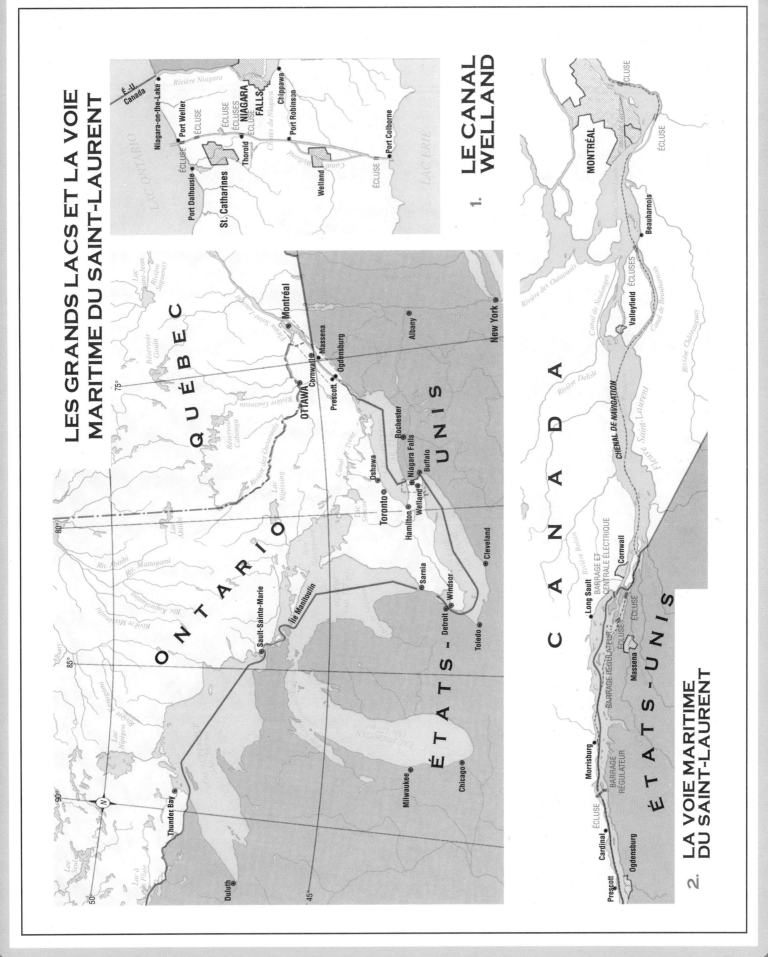

LES GRANDS LACS ET LA VOIE MARITIME DU SAINT-LAURENT

1. LE CANAL WELLAND

2. LA VOIE MARITIME DU SAINT-LAURENT

Canada
LE NORD CANADIEN

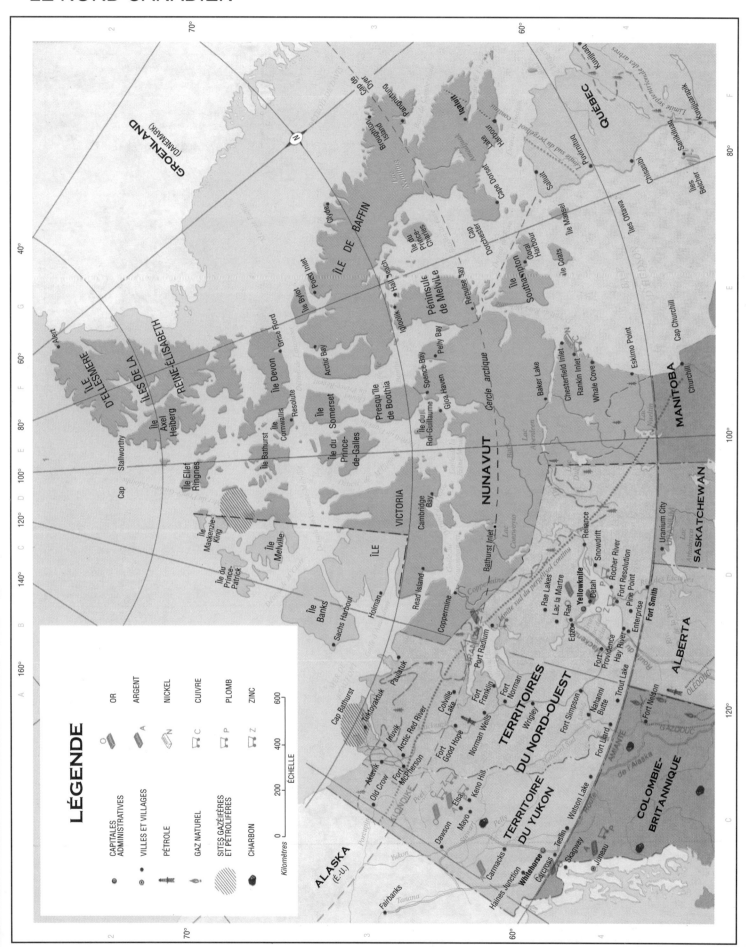

LÉGENDE

CAPITALES ADMINISTRATIVES

VILLES ET VILLAGES

PÉTROLE

GAZ NATUREL

SITES GAZÉIFÈRES ET PÉTROLIFÈRES

CHARBON

OR

ARGENT

NICKEL

CUIVRE

PLOMB

ZINC

ÉCHELLE

Kilomètres   0   200   400   600

Holman Island, Territoires du Nord-Ouest

Yellowknife

Pond Inlet, Nunavut

Whitehorse, Yukon

Whitehorse

États-Unis
CARTE POLITIQUE (sauf Alaska et Hawaï)

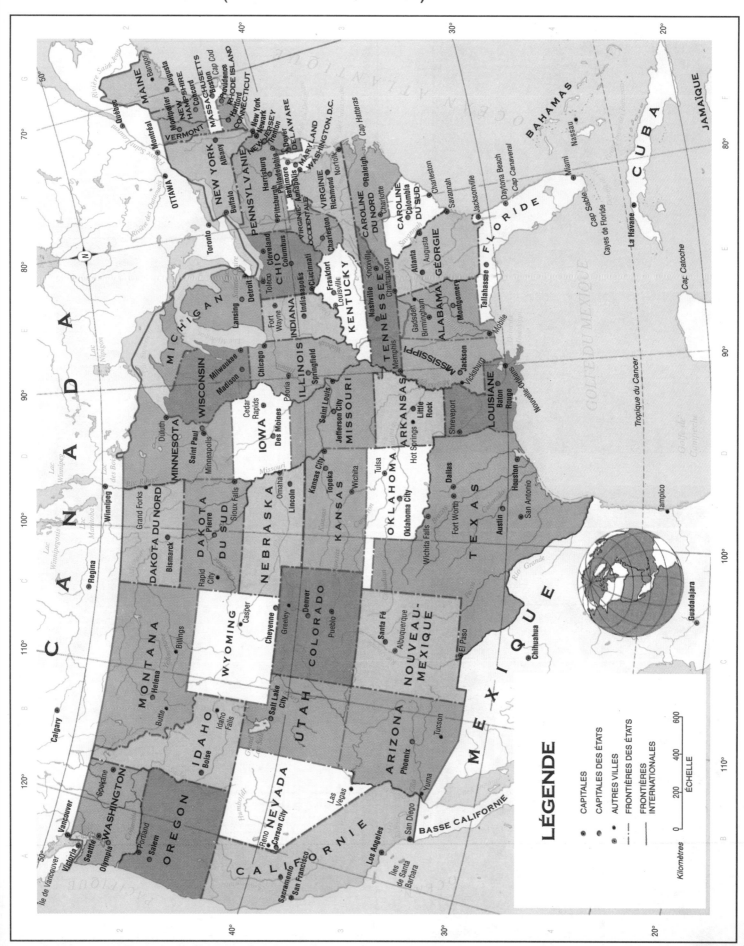

LÉGENDE

- ● CAPITALES
- ● CAPITALES DES ÉTATS
- • AUTRES VILLES
- --- FRONTIÈRES DES ÉTATS
- — FRONTIÈRES INTERNATIONALES

Kilomètres 0   200   400   600
ÉCHELLE

San Francisco, Californie

Houston, Texas

New York, New York

États-Unis
CARTE PHYSIQUE

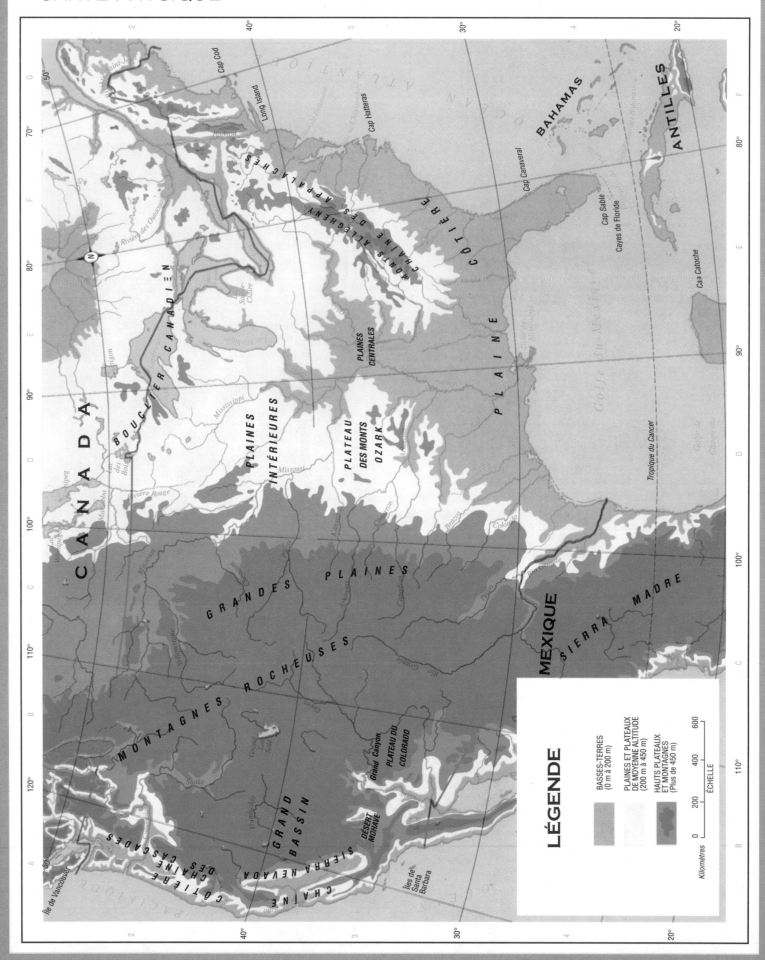

LÉGENDE

BASSES-TERRES
(0 à 200 m)

PLAINES ET PLATEAUX
DE MOYENNE ALTITUDE
(200 m à 450 m)

HAUTS PLATEAUX
ET MONTAGNES
(Plus de 450 m)

ÉCHELLE

Kilomètres 0   200   400   600

Mexique
CARTE POLITIQUE

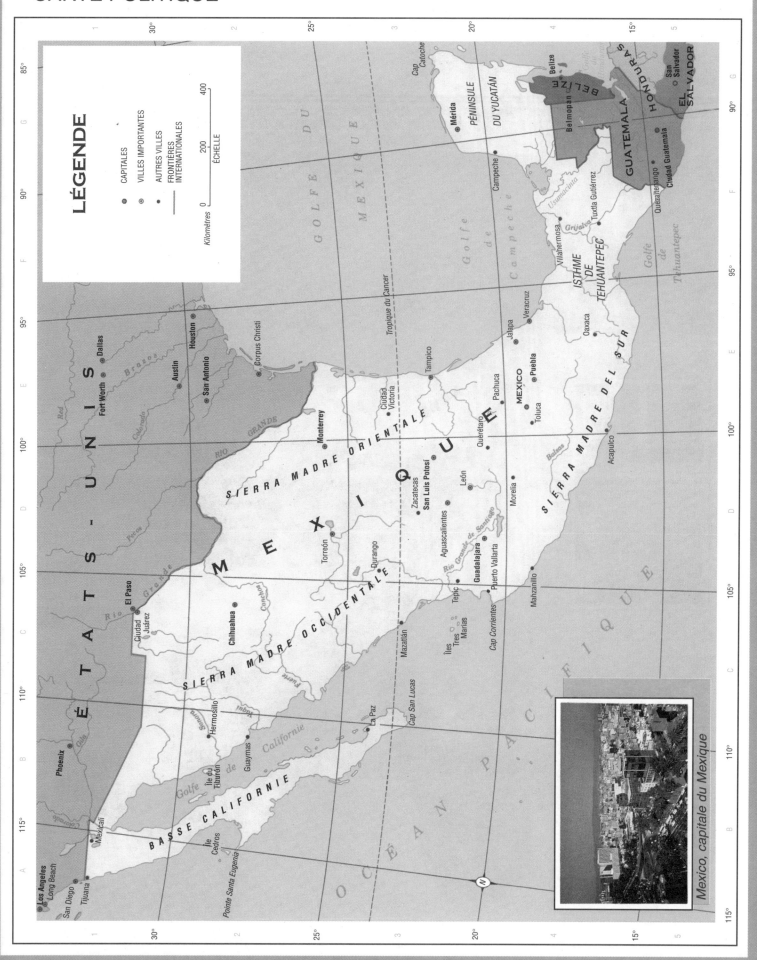

LÉGENDE

- ● CAPITALES
- ◉ VILLES IMPORTANTES
- • AUTRES VILLES
- — FRONTIÈRES INTERNATIONALES

Kilomètres
0   200   400
ÉCHELLE

ÉTATS-UNIS

MEXIQUE

SIERRA MADRE ORIENTALE

SIERRA MADRE OCCIDENTALE

SIERRA MADRE DEL SUR

BASSE CALIFORNIE

PÉNINSULE DU YUCATÁN

ISTHME DE TEHUANTEPEC

GOLFE DU MEXIQUE

Golfe de Campeche

Golfe de Tehuantepec

OCÉAN PACIFIQUE

Golfe de Californie

Tropique du Cancer

GUATEMALA
BELIZE
HONDURAS
EL SALVADOR

Belize
Belmopan
Ciudad Guatemala
Quezaltenango
San Salvador

Mérida
Campeche
Villahermosa
Tuxtla Gutiérrez
Veracruz
Jalapa
Oaxaca
MEXICO
Puebla
Pachuca
Toluca
Querétaro
Acapulco
Morelia
León
Aguascalientes
Guadalajara
Puerto Vallarta
Manzanillo
Tepic
San Luis Potosí
Zacatecas
Durango
Torreón
Ciudad Victoria
Tampico
Monterrey
Mazatlán
Chihuahua
Ciudad Juárez
El Paso
Hermosillo
Guaymas
La Paz
Tijuana
Mexicali

Los Angeles
Long Beach
San Diego
Phoenix
San Antonio
Austin
Fort Worth
Dallas
Houston
Corpus Christi

Cap Catoche
Usumacinta
Grijalva
Balsas
Río Grande de Santiago
Cap Corrientes
Îles Tres Marias
Cap San Lucas
Île du Tiburón
Île Cedros
Pointe Santa Eugenia
Conchos
Fuerte
Yaqui
Sonora
RÍO GRANDE
Río Grande
Pecos
Brazos
Colorado
Red

N

Mexico, capitale du Mexique

Amérique centrale
CARTE POLITIQUE

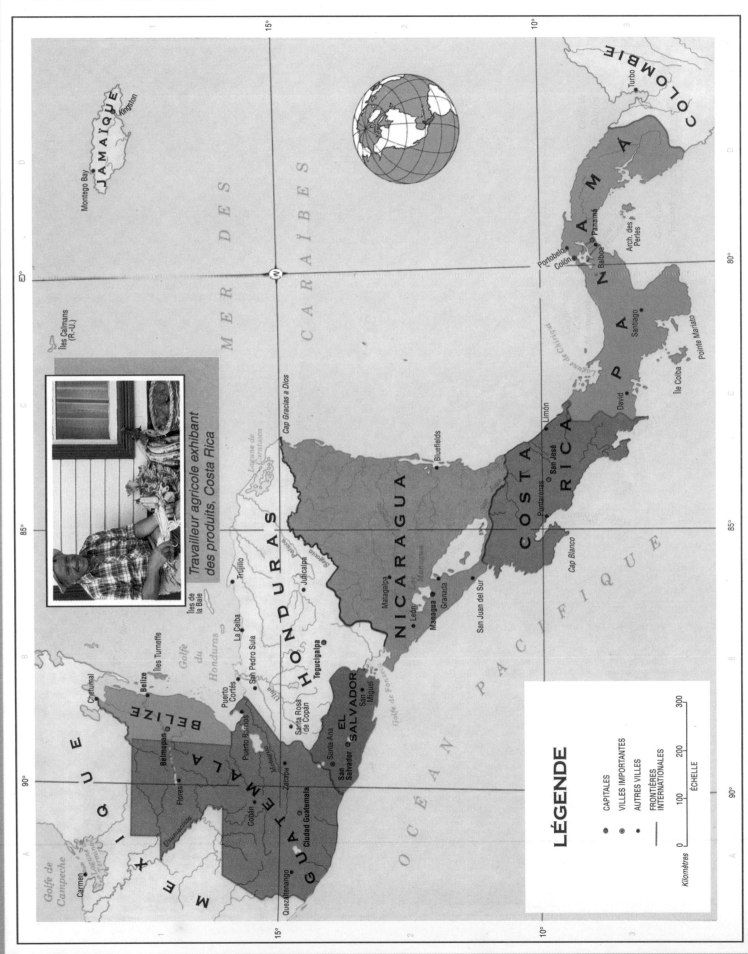

Travailleur agricole exhibant des produits, Costa Rica

LÉGENDE

- CAPITALES
- VILLES IMPORTANTES
- AUTRES VILLES
- FRONTIÈRES INTERNATIONALES

ÉCHELLE

0   100   200   300
Kilomètres

JAMAÏQUE
Montego Bay
Kingston

Îles Caïmans (R.-U.)

MER DES CARAÏBES

COLOMBIE
Turbo

PANAMA
Panamá
Balboa
Colón
Portobelo
Arch. des Perles

Santiago
Pointe Mariato
Île Coiba
David

COSTA RICA
Limón
San José
Puntarenas
Cap Blanco

NICARAGUA
Cap Gracias a Dios
Bluefields
Matagalpa
León
Managua
Granada
San Juan del Sur

HONDURAS
Trujillo
La Ceiba
San Pedro Sula
Puerto Cortés
Tegucigalpa
Juticalpa
Santa Rosa de Copán

Îles de la Baie

Golfe du Honduras

BELIZE
Belize
Îles Turneffe
Belmopan
Flores

Chetumal

GUATEMALA
Ciudad Guatemala
Zacapa
Copán
Quezaltenango

EL SALVADOR
San Salvador
Santa Ana
San Miguel

MEXIQUE
Carmen
Golfe de Campeche

Golfe de Fonseca

OCÉAN PACIFIQUE

La Caraïbe
CARTE POLITIQUE

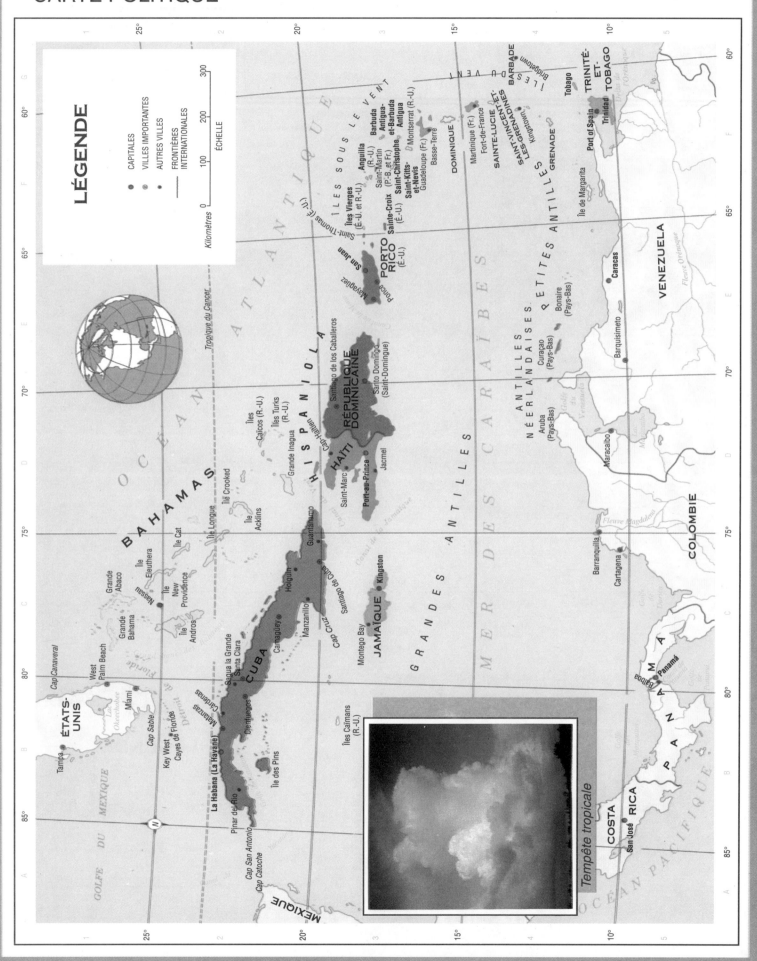

LÉGENDE

- ● CAPITALES
- ◉ VILLES IMPORTANTES
- • AUTRES VILLES
- — FRONTIÈRES INTERNATIONALES

ÉCHELLE

Kilomètres 0 100 200 300

Tempête tropicale

OCÉAN ATLANTIQUE

Tropique du Cancer

BAHAMAS

ÉTATS-UNIS

GOLFE DU MEXIQUE

Cap Canaveral
Tampa
West Palm Beach
Miami
Lac Okeechobee
Cap Sable
Key West
Cayes de Floride
Détroit de Floride

Grande Abaco
Grande Bahama
Nassau
New Providence
Île Andros
Île Eleuthera
Île Cat
Île Longue
Île
Acklins
Île Crooked
Île
Caïcos (R.-U.)
Îles Turks (R.-U.)
Grande Inagua

CUBA
Pinar del Rio
La Habana (La Havane)
Matanzas
Cárdenas
Cienfuegos
Santa Clara
Sagua la Grande
Camagüey
Manzanillo
Holguín
Guantánamo
Santiago de Cuba
Île des Pins
Îles Caïmans (R.-U.)

MEXIQUE
Cap San Antonio
Cap Catoche

Cap Cruz

HISPANIOLA
Cap-Haïtien
HAÏTI
Saint-Marc
Port-au-Prince
Jacmel
RÉPUBLIQUE DOMINICAINE
Santiago de los Caballeros
Santo Domingo (Saint-Domingue)

JAMAÏQUE
Montego Bay
Kingston
Canal de la Jamaïque

GRANDES ANTILLES

MER DES CARAÏBES

PETITES ANTILLES

Saint-Thomas (É.-U.)
Îles Vierges (É.-U. et R.-U.)
PORTO RICO (É.-U.)
Mayagüez
San Juan
Ponce

ÎLES SOUS LE VENT
Anguilla (R.-U.)
Saint-Martin (P.-B. et Fr.)
Sainte-Croix (É.-U.)
Saint-Christophe Antigua
Saint-Kitts-et-Nevis
Barbuda
Antigua-et-Barbuda
Montserrat (R.-U.)
Guadeloupe (Fr.)
Basse-Terre
DOMINIQUE

ÎLES DU VENT
Martinique (Fr.)
Fort-de-France
SAINTE-LUCIE
SAINT-VINCENT-ET-LES-GRENADINES
Kingstown
GRENADE
BARBADE
Bridgetown

ANTILLES NÉERLANDAISES
Aruba (Pays-Bas)
Curaçao (Pays-Bas)
Bonaire (Pays-Bas)
Île de Margarita

TRINITÉ-ET-TOBAGO
Tobago
Trinidad
Port of Spain

VENEZUELA
Caracas
Barquisimeto
Maracaibo
Lac Maracaibo
Fleuve Orénoque
Golfe du Venezuela

COLOMBIE
Barranquilla
Cartagena
Fleuve Magdalena

PANAMA
Panamá
Balboa

COSTA RICA
San José

OCÉAN PACIFIQUE

Amérique du Sud
CARTE POLITIQUE

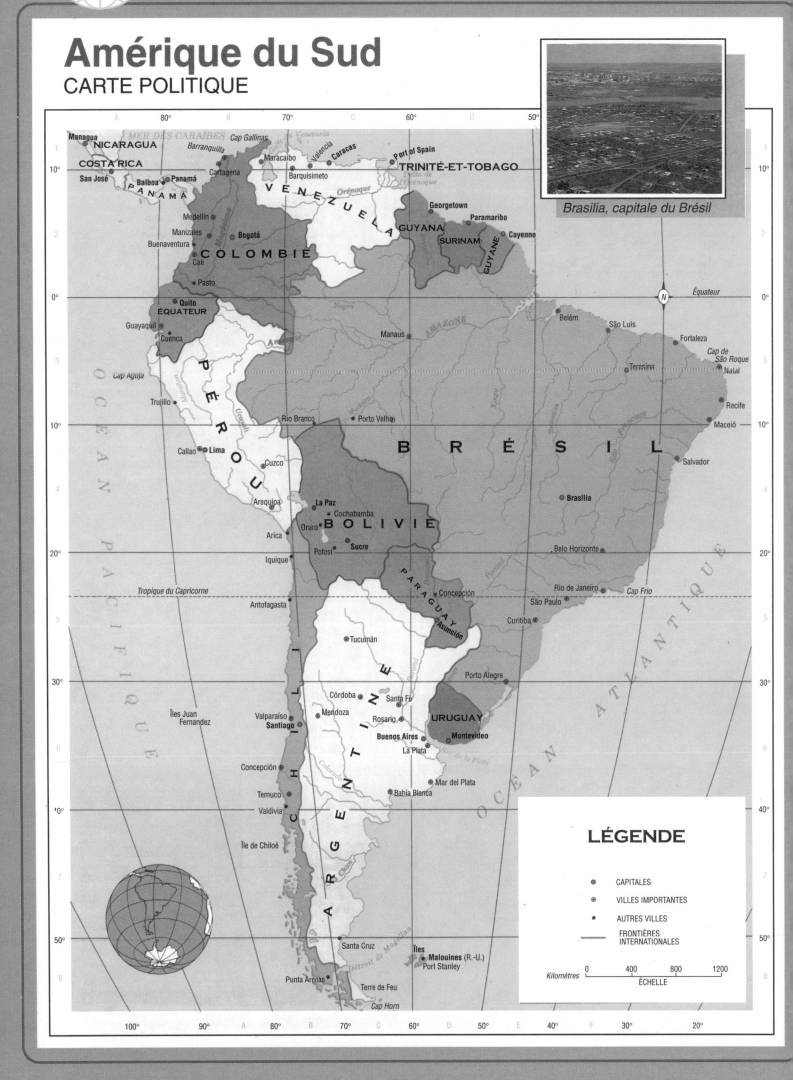

Brasilia, capitale du Brésil

MER DES CARAÏBES

Managua
NICARAGUA
COSTA RICA
San José
Balboa
Panamá
PANAMÁ
Cap Gallinas
Barranquilla
Maracaibo
Cartagena
Valencia
Caracas
Golfe du Venezuela
Port of Spain
TRINITÉ-ET-TOBAGO
Barquisimeto
VENEZUELA
Orénoque
Delta de l'Orénoque
Georgetown
GUYANA
Paramaribo
SURINAM
Cayenne
GUYANE

Medellín
Manizales
Bogotá
Buenaventura
COLOMBIE
Cali
Pasto
Quito
ÉQUATEUR
Guayaquil
Cuenca
Cap Aguja
Trujillo
PÉROU
Callao
Lima
Cuzco
Arequipa

Négro
AMAZONE
Manaus
Équateur
Belém
São Luis
Fortaleza
Cap de São Roque
Teresina
Natal
Rio Branco
Porto Velho
Recife
Maceió

BRÉSIL

La Paz
Cochabamba
Oruro
BOLIVIE
Arica
Potosí
Sucre
Iquique
Antofagasta

Salvador
Brasilia
Belo Horizonte

Tropique du Capricorne

PARAGUAY
Concepción
Asunción
Tucumán

Rio de Janeiro
Cap Frio
São Paulo
Curitiba

Îles Juan Fernandez
Valparaíso
Santiago
Córdoba
Santa Fé
Mendoza
Rosario
Concepción
Temuco
Valdivia
Île de Chiloé

ARGENTINE
CHILI

Buenos Aires
La Plata
URUGUAY
Montevideo
Porto Alegre
Río de la Plata
Mar del Plata
Bahía Blanca

OCÉAN PACIFIQUE

OCÉAN ATLANTIQUE

Santa Cruz
Punta Arenas
Terre de Feu
Détroit de Magellan
Cap Horn
Îles Malouines (R.-U.)
Port Stanley

LÉGENDE

- CAPITALES
- VILLES IMPORTANTES
- AUTRES VILLES
- FRONTIÈRES INTERNATIONALES

Kilomètres   0   400   800   1200
ÉCHELLE

Amérique du Sud
CARTE PHYSIQUE

LÉGENDE

BASSES-TERRES
(0 m à 200 m)

PLAINES ET PLATEAUX
DE MOYENNE ALTITUDE
(200 m à 450 m)

HAUTS PLATEAUX
ET MONTAGNES
(Plus de 450 m)

Kilomètres 0   400   800   1200
ÉCHELLE

Amérique du Sud
TEMPÉRATURES – janvier et juillet

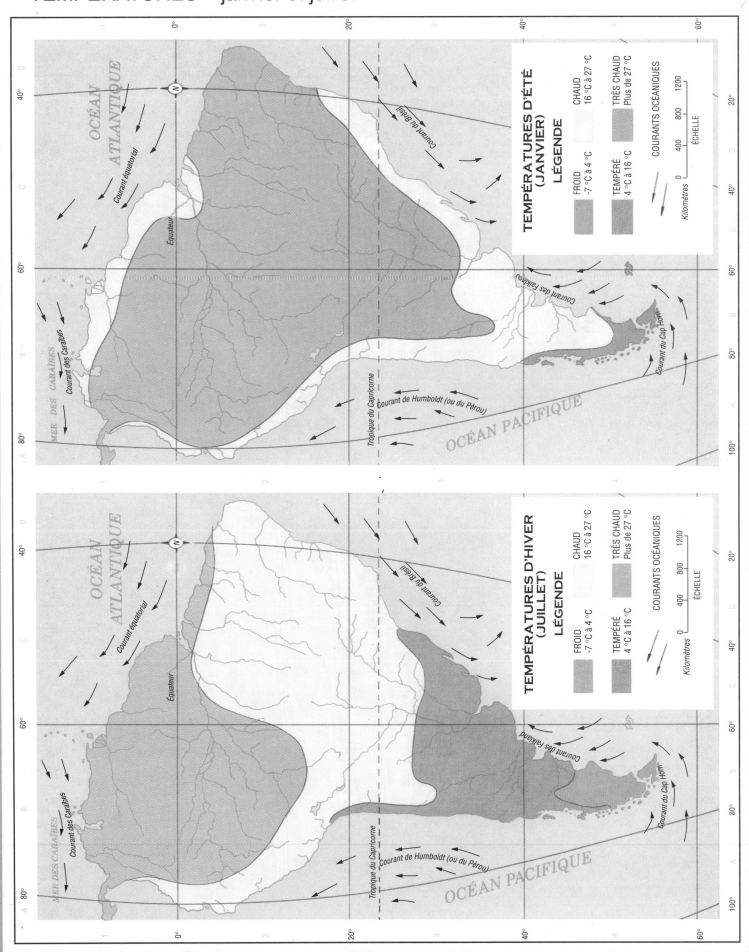

Amérique du Sud
PRÉCIPITATIONS ANNUELLES ET VÉGÉTATION

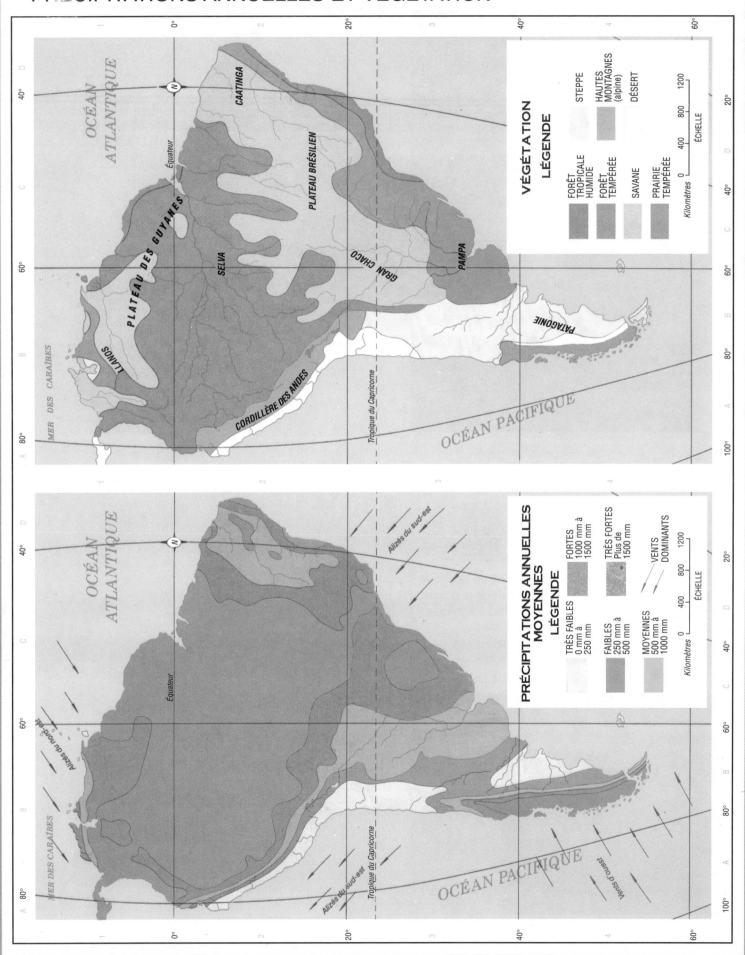

Amérique du Sud
FORÊT TROPICALE HUMIDE

Forêt tropicale humide d'Amérique du Sud, avant et après l'abattage des arbres

Le sort des forêts tropicales humides

Toutes les trente minutes, quelque 12 à 20 hectares de forêt tropicale humide disparaissent de la planète. Plus de 40 pour cent des forêts tropicales humides ont déjà été détruites. À la fin du XXᵉ siècle, quelques pays ont déjà perdu presque complètement leurs étendues forestières.

Indiens Yanomami dans la forêt amazonienne

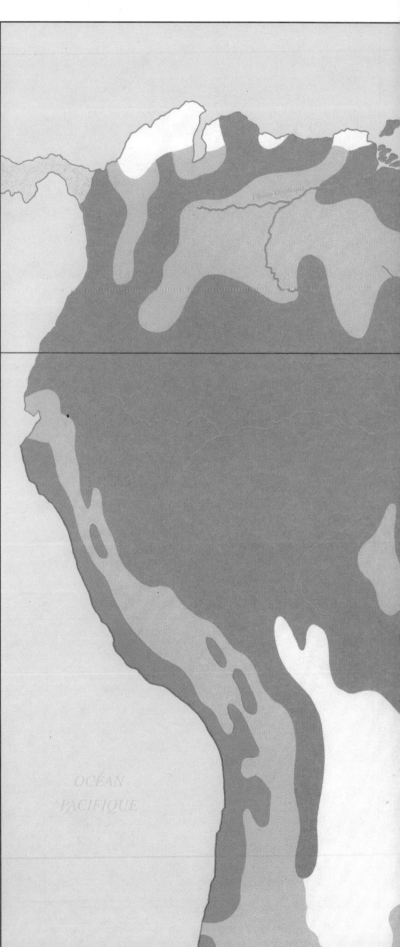

OCÉAN PACIFIQUE

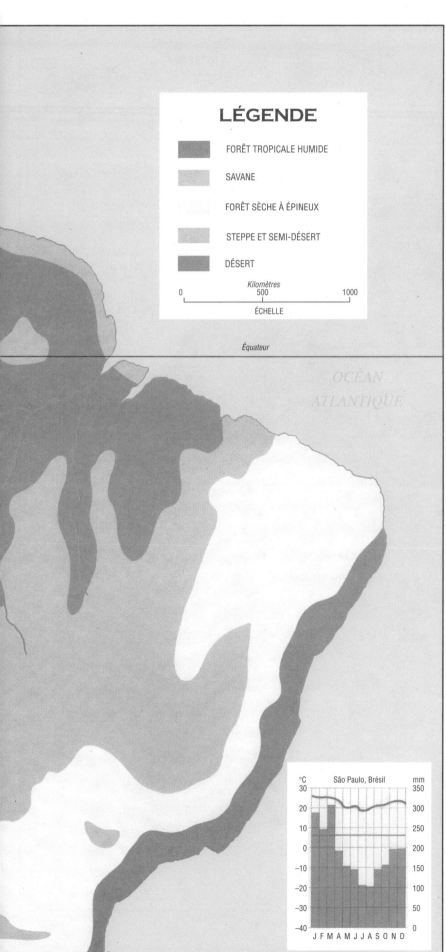

LÉGENDE

FORÊT TROPICALE HUMIDE

SAVANE

FORÊT SÈCHE À ÉPINEUX

STEPPE ET SEMI-DÉSÉRT

DÉSERT

Kilomètres
0   500   1000
ÉCHELLE

Équateur

*OCÉAN
ATLANTIQUE*

°C São Paulo, Brésil mm

Vérifiez si les animaux représentés ici se rencontrent dans les autres forêts tropicales humides du monde.

Ara écarlate

Cabiai (le plus gros des rongeurs)

Kinkajou

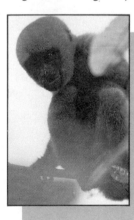

Sagouin

Dindon sauvage

Afrique
CARTE POLITIQUE

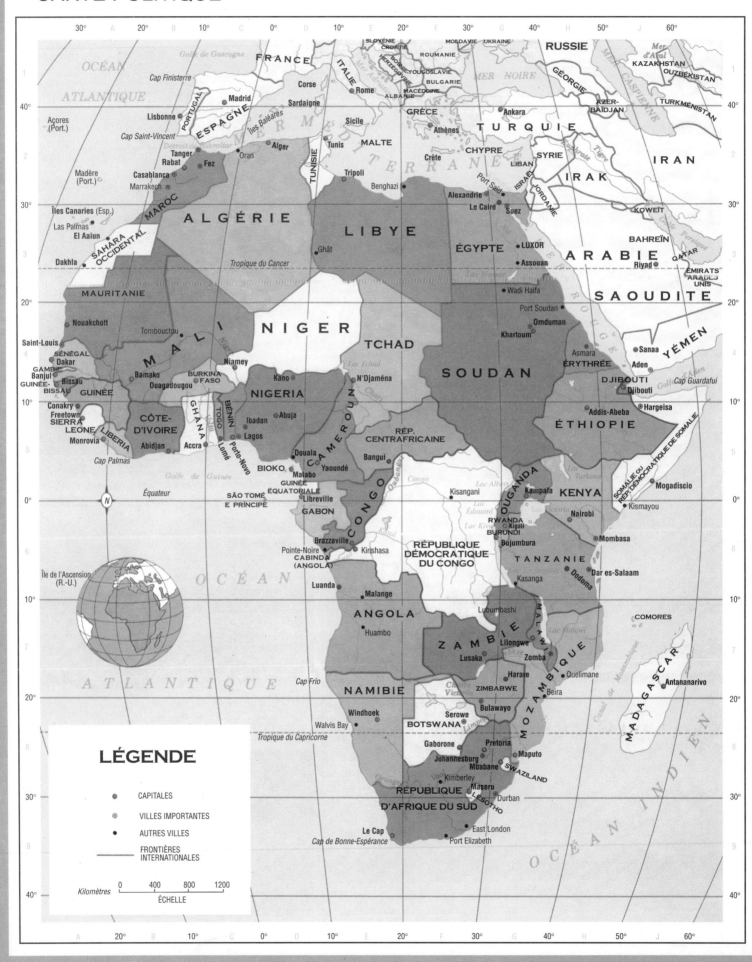

LÉGENDE

- CAPITALES
- VILLES IMPORTANTES
- AUTRES VILLES
- FRONTIÈRES INTERNATIONALES

Kilomètres 0 400 800 1200
ÉCHELLE

Nairobi, Kenya

Le Cap, Afrique du Sud

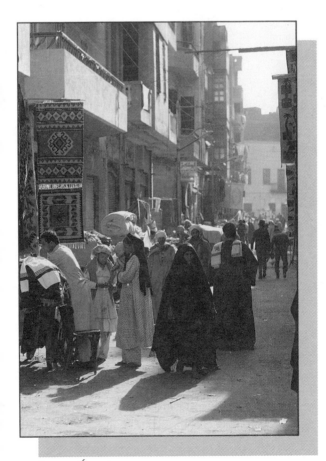

Luxor, Égypte

Alger, Algérie

Afrique
CARTE PHYSIQUE

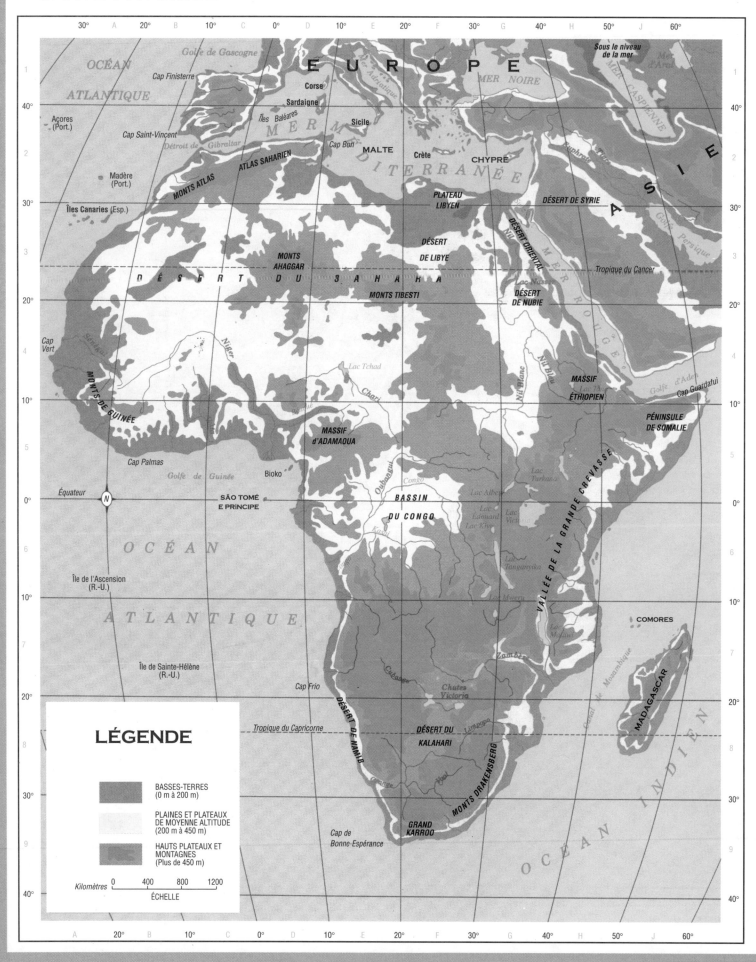

OCÉAN ATLANTIQUE
Golfe de Gascogne
Cap Finisterre
Açores (Port.)
Cap Saint-Vincent
Détroit de Gibraltar
Madère (Port.)
Îles Canaries (Esp.)
MONTS ATLAS
ATLAS SAHARIEN
Corse
Sardaigne
Îles Baléares
Sicile
Cap Bon
MALTE
Crète
CHYPRE
MER MÉDITERRANÉE
EUROPE
MER NOIRE
MER ADRIATIQUE
MER CASPIENNE
Mer d'Aral
Sous le niveau de la mer
ASIE
PLATEAU LIBYEN
DÉSERT DE SYRIE
DÉSERT DE LIBYE
Tropique du Cancer
MONTS AHAGGAR
DÉSERT DU SAHARA
MONTS TIBESTI
DÉSERT ORIENTAL
DÉSERT DE NUBIE
Nil
Euphrate
Tigre
Golfe Persique
Lac Nasser
Cap Vert
Sénégal
Niger
Lac Tchad
Chari
Bénoué
Nil Blanc
Nil Bleu
MASSIF ÉTHIOPIEN
Golfe d'Aden
Cap Guardafui
MONTS DE GUINÉE
Cap Palmas
Golfe de Guinée
Bioko
SÃO TOMÉ E PRÍNCIPE
MASSIF d'ADAMAOUA
Équateur
N
Oubangui
Congo
BASSIN DU CONGO
Kasaï
Lac Albert
Lac Édouard
Lac Kivu
Lac Victoria
Lac Turkana
PÉNINSULE DE SOMALIE
VALLÉE DE LA GRANDE CREVASSE
OCÉAN ATLANTIQUE
Île de l'Ascension (R.-U.)
Île de Sainte-Hélène (R.-U.)
Lac Tanganyika
Lac Mweru
Lac Malawi
COMORES
Cap Frio
Chutes Victoria
Zambèze
Cubango
DÉSERT DE NAMIB
Tropique du Capricorne
DÉSERT DU KALAHARI
Limpopo
Canal de Mozambique
MADAGASCAR
OCÉAN INDIEN
MONTS DRAKENSBERG
Orange
Vaal
GRAND KARROO
Cap de Bonne-Espérance

LÉGENDE

- BASSES-TERRES (0 m à 200 m)
- PLAINES ET PLATEAUX DE MOYENNE ALTITUDE (200 m à 450 m)
- HAUTS PLATEAUX ET MONTAGNES (Plus de 450 m)

Kilomètres 0 400 800 1200
ÉCHELLE

Un désert sans pareil

Avec une superficie de 9 millions de kilomètres carrés, le Sahara est le plus vaste désert du monde; et il s'agrandit chaque année.

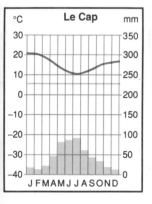

Le Sahara, au Niger

Sable et soleil

La portion orientale du Sahara est l'endroit le plus ensoleillé de la Terre. Chaque année, on y dénombre plus de 4 300 heures d'ensoleillement.

Le centre oriental de l'Algérie possède des dunes de sable qui peuvent atteindre 430 mètres d'altitude, les plus hautes du monde.

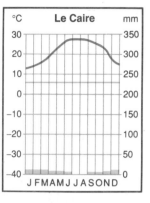

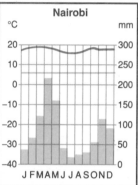

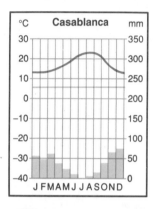

Paysage de savane cultivée, au Cameroun

Contreforts en bordure du plateau, Éthiopie

Un fleuve pas comme les autres

Le Nil est le plus long fleuve du monde et il traverse la plus vaste région désertique de la planète.

Vallée du fleuve Hex, Afrique du Sud

Europe
CARTE POLITIQUE

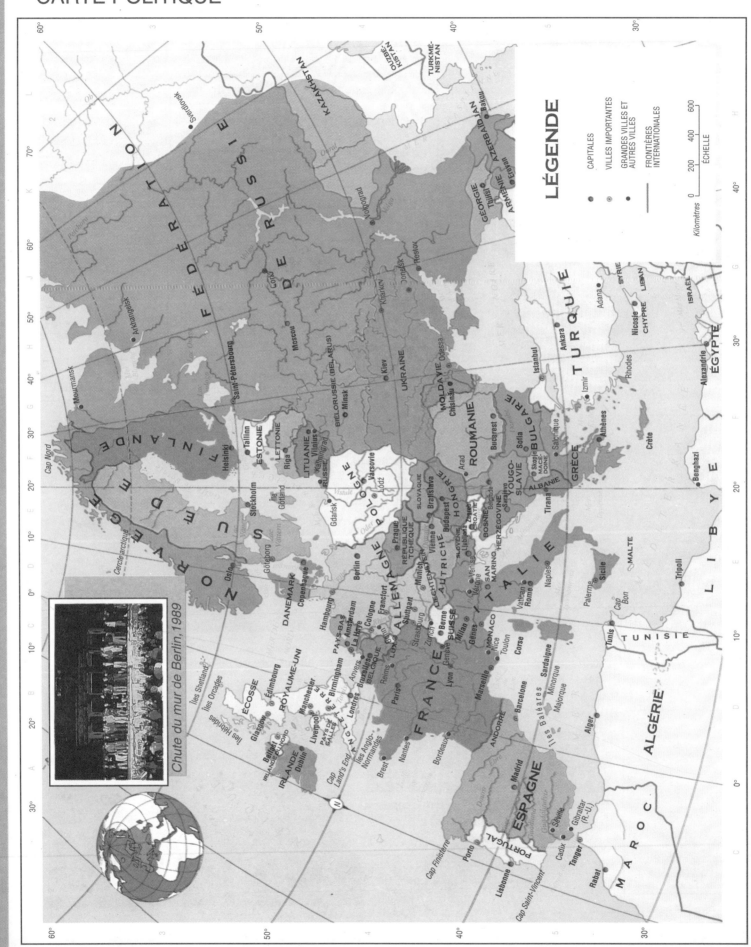

LÉGENDE

- CAPITALES
- VILLES IMPORTANTES
- GRANDES VILLES ET AUTRES VILLES
- FRONTIÈRES INTERNATIONALES

Kilomètres
0 200 400 600
ÉCHELLE

Chute du mur de Berlin, 1989

Europe
CARTE PHYSIQUE

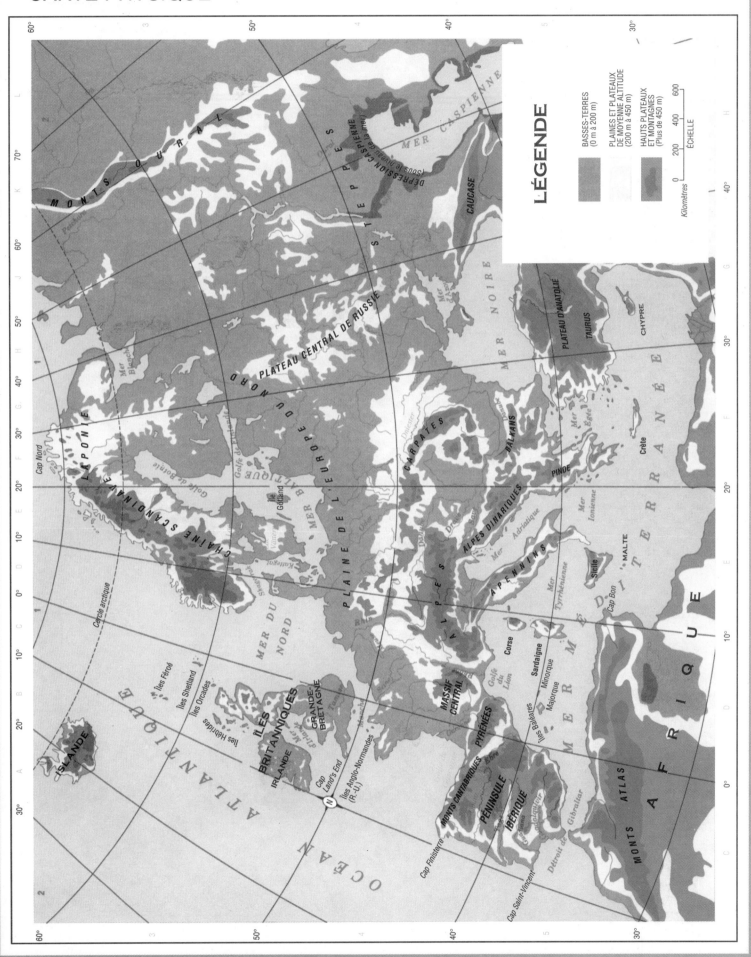

Asie
CARTE POLITIQUE

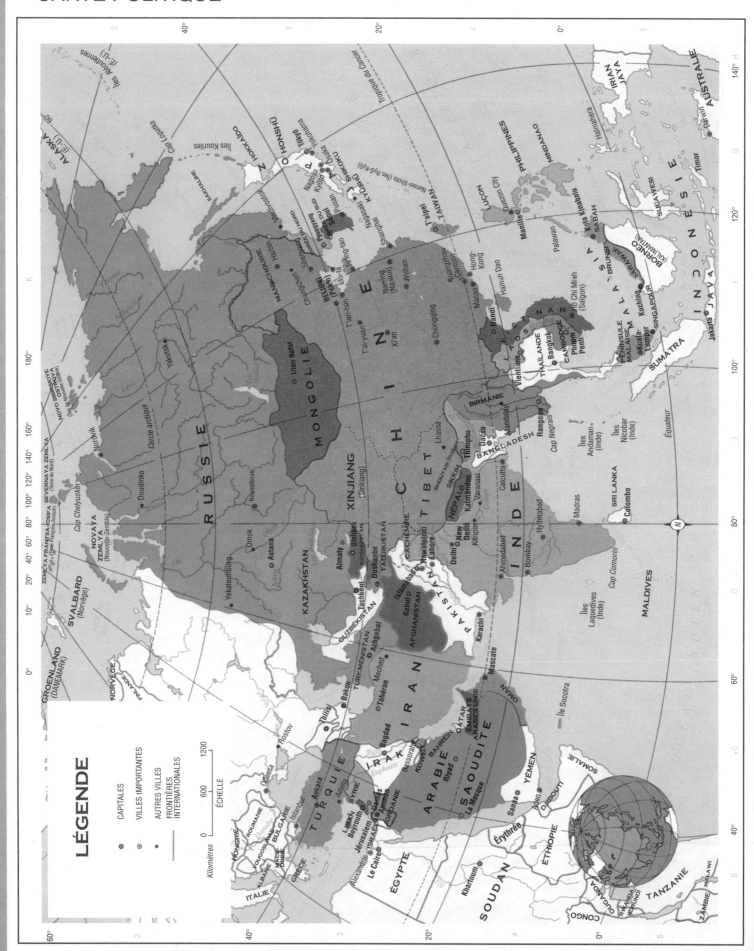

LÉGENDE
- CAPITALES
- VILLES IMPORTANTES
- AUTRES VILLES
- FRONTIÈRES INTERNATIONALES

ÉCHELLE
0   600   1200
Kilomètres

Asie
CARTE PHYSIQUE

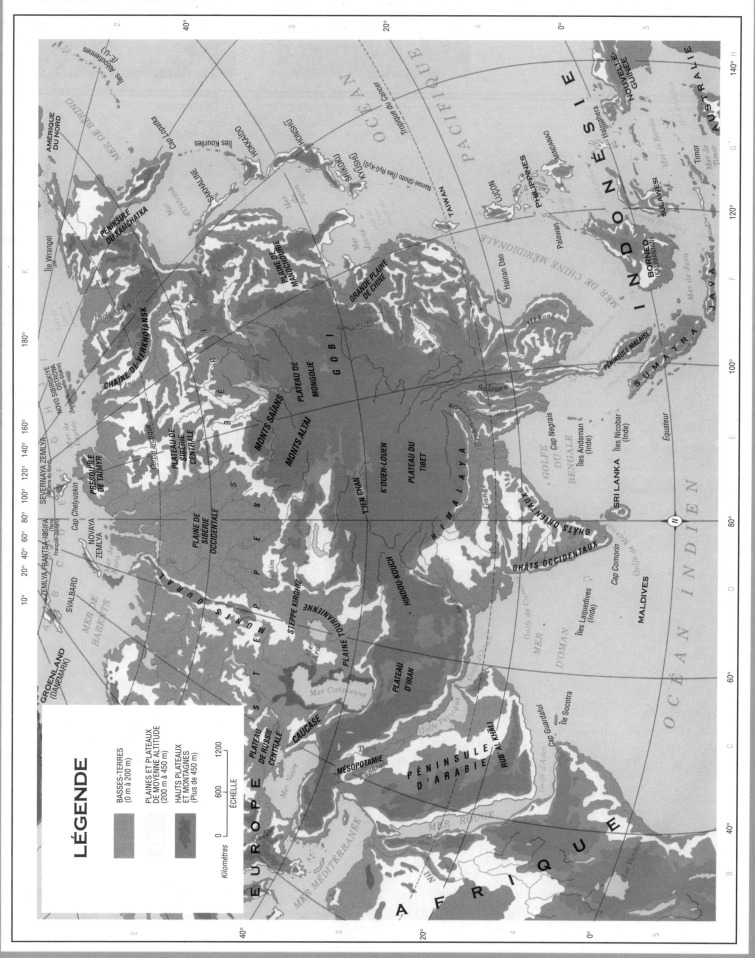

LÉGENDE

BASSES-TERRES
(0 à 200 m)

PLAINES ET PLATEAUX
DE MOYENNE ALTITUDE
(200 m à 450 m)

HAUTS PLATEAUX
ET MONTAGNES
(Plus de 450 m)

ÉCHELLE

0   600   1200

Kilomètres

Pourtour du Pacifique

Chine

Philippines

OCÉAN ARCTIQUE

ALASKA (É.-U.)
Anchorage

MER DE BÉRING

CAN

RUSSIE

60° N

KAZAKHSTAN

MONGOLIE

Vancouv

Portland
Seattle

MER D'OKHOTSK

OUZBÉKISTAN
KIRGHIZSTAN
TURK-
MÉNISTAN TADJIKISTAN

Vladivostok

Beijing

CORÉE
DU NORD

Séoul
CORÉE
DU SUD

JAPON
Tokyō
Ōsaka

San Francisco

Los Ang

CHINE

AFGHANISTAN

30° N

PAKISTAN

Shanghai

NÉPAL BHOUTAN
(BHUTĀN)
BANGLADESH

T'aipei
TAIWAN

HONG-
KONG

Hawaï (É.-U.)

Honolulu

INDE

MYANMAR

Îles Mariannes-
du-Nord (É.-U.)

Bombay

MER
D'ARABIE

LAOS

THAÏLANDE

GOLFE DU
BENGALE

CAMBODGE

VIET NAM

MER
DE
CHINE

Manille

PHILIPPINES

Guam (É.-U.)

ÎLES
MARSHALL

OCÉAN
PACIFIQUE

Ligne internationale de changement de date

N

SRI LANKA

BRUNEI
MALAYSIA
SINGAPOUR
BORNÉO

PALAU

0°

SUMATRA

SULAWESI

Équateur

Nauru

Kiribati

Jakarta

INDONÉSIE

PAPOUASIE –
NOUVELLE-GUINÉE

Îles Salomon

Tuvalu

Tokelau (N.-Z.)

OCÉAN INDIEN

SAMOA-OCCIDENTALES

Wallis-et-
Futuna (Fr.)

Samoa-Américaines (É.-U.)

Vanuatu

Fidji

Îles Cook (N.-Z.)

Niue (N.-Z.)

Tonga

AUSTRALIE

Nouvelle-Calédonie (Fr.)

Îles Pitcairn (

Brisbane

30° S

Sydney

MER
DE TASMAN

Melbourne

LÉGEN

CAPITALES

Tasmanie

Nouvelle-Zélande

PRINCIPALES VILLE

Îles Kerguelen (Fr.)

Kilomètres 0 500

ÉCHELL

60° S

ANTARCTIQUE

60° E   90° E   120° E   150° E   180   150° O   120° O   90° O

Canada

Principales langues

Villes	Langues parlées
Argentine	Espagnol
Chili	Espagnol
Pérou	Espagnol
Équateur	Espagnol
Colombie	Espagnol
Panamá	Espagnol
Costa Rica	Espagnol
Nicaragua	Espagnol
El Salvador	Espagnol
Guatemala	Espagnol
Mexique	Espagnol
États-Unis	Anglais
Canada	Anglais, français
Russie	Russe
Chine	Mandarin
Japon	Japonais
Corée	Coréen
Viêt Nam	Vietnamien
Indonésie	Bahasa, indonésien
Malaysia	Malais
Philippines	Tagalog, anglais
Nouvelle-Guinée	Anglais pidjin, motu
Australie	Anglais
Nouvelle-Zélande	Anglais

Outre les langues officielles, des langues secondes (anglais, français, espagnol, chinois) ainsi que plusieurs dialectes sont utilisés dans les divers États et îles du Pacifique.

Mexique

Équateur

Australasie
CARTE POLITIQUE

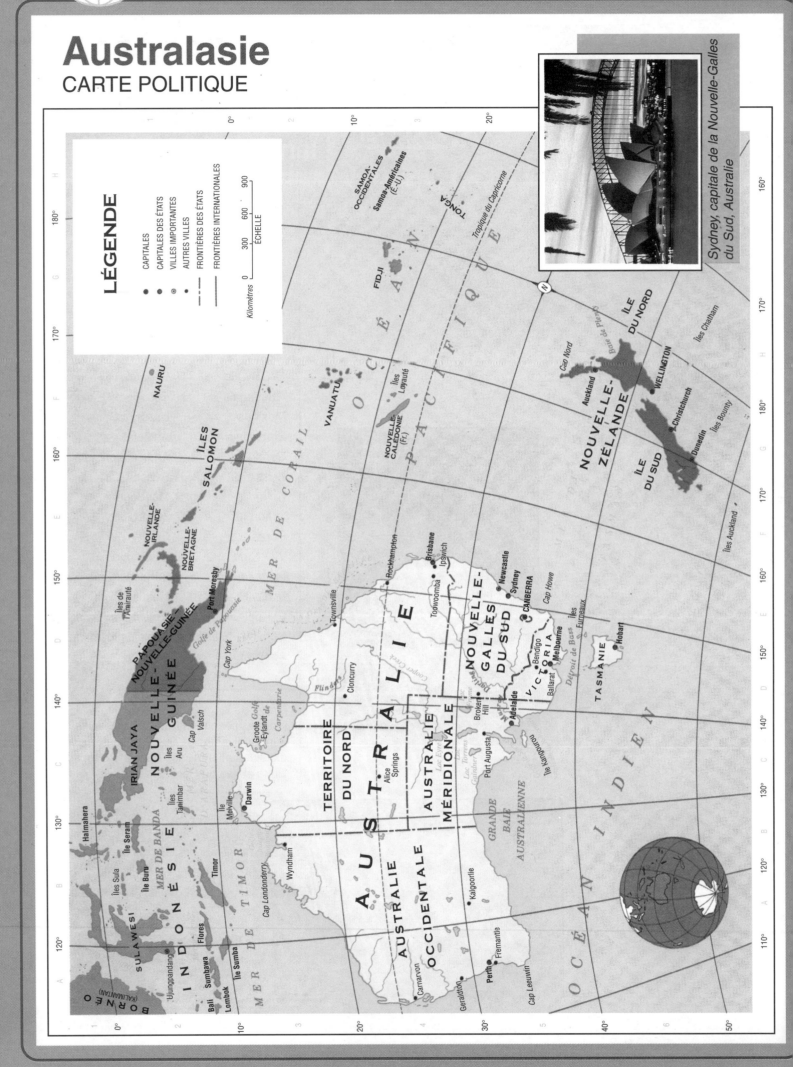

Sydney, capitale de la Nouvelle-Galles du Sud, Australie

LÉGENDE

- CAPITALES
- CAPITALES DES ÉTATS
- VILLES IMPORTANTES
- AUTRES VILLES
- FRONTIÈRES DES ÉTATS
- FRONTIÈRES INTERNATIONALES

ÉCHELLE
Kilomètres
0 300 600 900

OCÉAN PACIFIQUE OCCIDENTAL

SAMOA-OCCIDENTALES
Samoa-Américaines (É.-U.)
TONGA
Tropique du Capricorne
FIDJI

VANUATU
Îles Loyauté
NOUVELLE-CALÉDONIE (Fr.)

NAURU

ÎLES SALOMON
NOUVELLE-IRLANDE
NOUVELLE-BRETAGNE
Îles de l'Amirauté

Cap Nord
Baie de Plenty
AUCKLAND
Îles Chatham
NOUVELLE-ZÉLANDE
ÎLE DU NORD
WELLINGTON
ÎLE DU SUD
Christchurch
Îles Bounty
Dunedin
Îles Auckland

MER DE CORAIL

PAPOUASIE-NOUVELLE-GUINÉE
Port Moresby
Golfe de Papouasie
NOUVELLE-GUINÉE
IRIAN JAYA
Cap York

MER D'ARAFURA

Rockhampton
Brisbane
Ipswich
Toowoomba
Newcastle
Sydney
CANBERRA
NOUVELLE-GALLES DU SUD
Cap Howe
Townsville

Darwin
Île Melville
TERRITOIRE DU NORD
Groote Eylandt
Golfe de Carpentarie
Cloncurry
Flinders
Cooper Creek
Alice Springs
AUSTRALIE

AUSTRALIE MÉRIDIONALE
Broken Hill
Lac Eyre
Lac Torrens
Port Augusta
Adelaide
Bendigo
Ballarat
VICTORIA
Melbourne
Détroit de Bass
Îles Furneaux
TASMANIE
Hobart

Halmahera
Île Seram
Îles Sula
Île Buru
MER DE BANDA
SULAWESI
Ujungpandang
INDONÉSIE
Îles Tanimbar
Îles Aru
Cap Valsch
Timor
MER DE TIMOR
Cap Londonderry
Wyndham

BORNÉO (KALIMANTAN)
Bali
Lombok
Flores
Sumbawa
Île Sumba

AUSTRALIE OCCIDENTALE
Kalgoorlie
GRANDE BAIE AUSTRALIENNE
Île Kangourou
Gairdner

Carnarvon
Geraldton
Perth
Fremantle
Cap Leeuwin

OCÉAN INDIEN

Australasie
CARTE PHYSIQUE

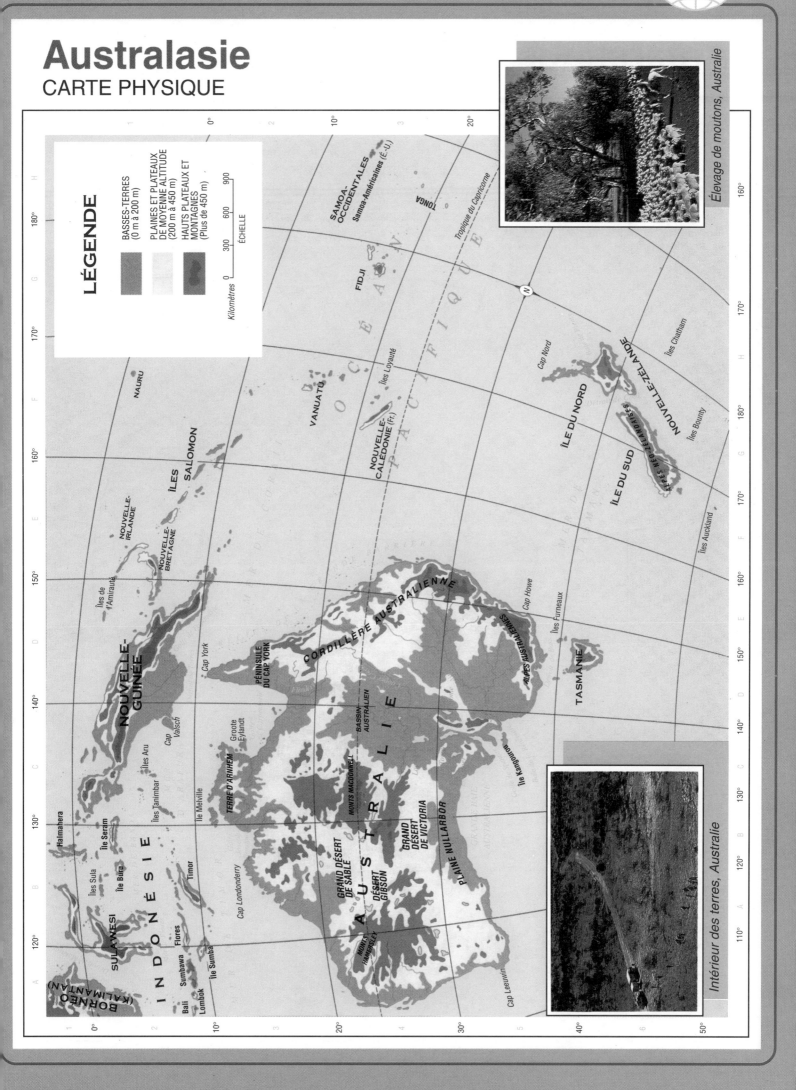

LÉGENDE

BASSES-TERRES (0 m à 200 m)

PLAINES ET PLATEAUX DE MOYENNE ALTITUDE (200 m à 450 m)

HAUTS PLATEAUX ET MONTAGNES (Plus de 450 m)

ÉCHELLE

Kilomètres 0 300 600 900

Élevage de moutons, Australie

Intérieur des terres, Australie

SAMOA-OCCIDENTALES

Samoa-Américaines (É.-U.)

TONGA

Tropique du Capricorne

FIDJI

Îles Loyauté

NOUVELLE-CALÉDONIE (Fr.)

VANUATU

O C É A N

P A C I F I Q U E

Cap Nord

Îles Chatham

ÎLE DU NORD

ALPES NÉO-ZÉLANDAISES

NOUVELLE-ZÉLANDE

ÎLE DU SUD

Îles Bounty

Îles Auckland

NAURU

ÎLES

SALOMON

Îles de l'Amirauté

NOUVELLE-IRLANDE

NOUVELLE-BRETAGNE

Halmahera

Île Seram

Îles Sula

Île Buru

SULAWESI

I N D O N É S I E

BORNÉO (KALIMANTAN)

Timor

Flores

Sumbawa

Bali

Lombok

Île Sumba

NOUVELLE-GUINÉE

Îles Aru

Îles Tanimbar

Cap Valsch

Cap York

Île Melville

Groote Eylandt

TERRE D'ARNHEM

Cap Londonderry

PÉNINSULE DU CAP YORK

CORDILLÈRE AUSTRALIENNE

BASSIN AUSTRALIEN

MONTS MACDONNELL

GRAND DÉSERT DE SABLE

DÉSERT GIBSON

MONTS HAMERSLEY

A U S T R A L I E

GRAND DÉSERT DE VICTORIA

PLAINE NULLARBOR

Cap Leeuwin

Île Kangourou

Cap Howe

Îles Furneaux

ALPES AUSTRALIENNES

TASMANIE

MER DE CORAIL

MER DE TASMAN

N

Antarctique

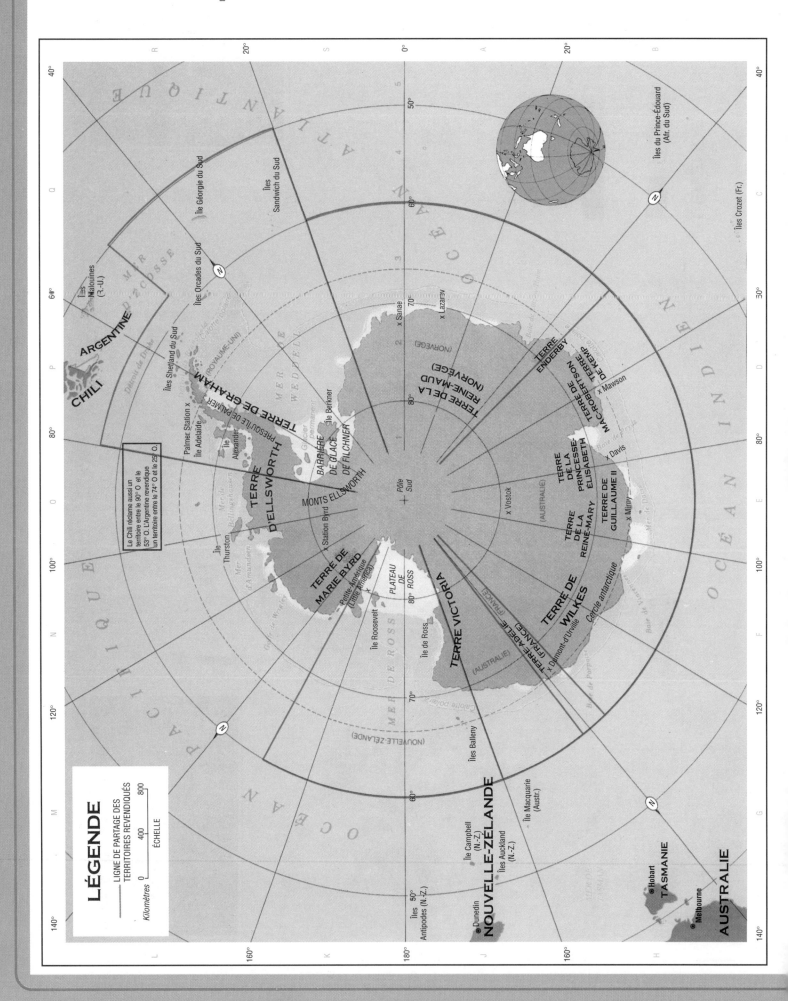

L'ozone

La couche d'ozone, localisée dans la troposphère, zone située de 10 km à 50 km au-dessus de la Terre, absorbe les rayons ultraviolets émis par le Soleil. Ces rayons sont nocifs pour la vie végétale et pour la vie animale. Or, les savants ont récemment découvert que cette couche, au-dessus des pôles, devenait de plus en plus mince. On estime qu'elle a perdu 5 % de son épaisseur entre les années 1979 et 1986. Diverses mesures, comme la décontamination et l'élimination des polluants atmosphériques, peuvent assurer la protection de la couche d'ozone.

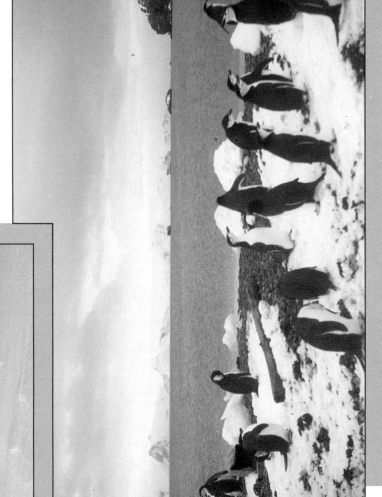

Manchots en Antarctique

Station de recherche en Antarctique

Arctique

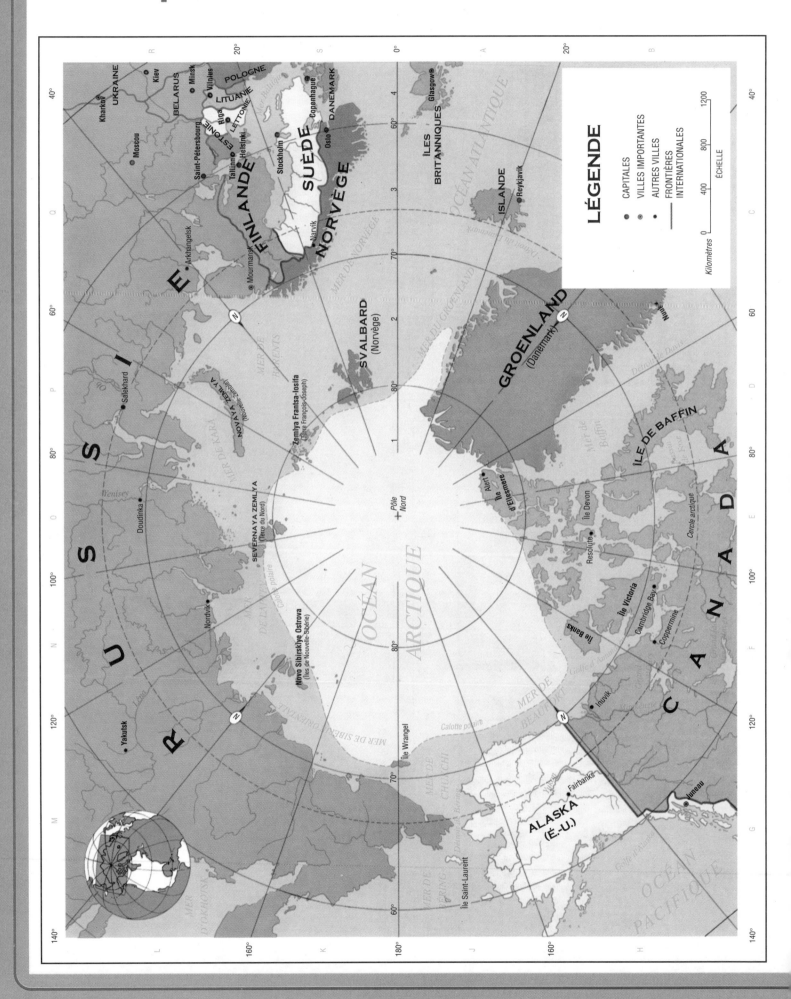

LÉGENDE

CAPITALES
VILLES IMPORTANTES
AUTRES VILLES
FRONTIÈRES
INTERNATIONALES

Kilomètres   0   400   800   1200   ÉCHELLE

Kharkov
UKRAINE
Kiev
BELARUS
Minsk
Vilnius
LITUANIE
POLOGNE
Riga
LETTONIE
Moscou
ESTONIE
Saint-Pétersbourg
Tallinn
Helsinki
Stockholm
Copenhague
Oslo
DANEMARK
SUÈDE
NORVÈGE
FINLANDE
Narvik
Arkhangelsk
Mourmansk
MER DE NORVÈGE
MER DE BARENTS
Salekhard
NOVAYA ZEMLYA
(Nouvelle-Zemble)
MER DE KARA
SVALBARD
(Norvège)
Zemlya Frantsa-Iosifa
(Terre François-Joseph)
Wenisey
Doudinka
SEVERNAYA ZEMLYA
(Terre du Nord)
Nordvik
Calotte polaire
Novo Sibirskiye Ostrova
(Îles de Nouvelle-Sibérie)
Yakutsk
MER DE SIBÉRIE ORIENTALE
Pôle
Nord
OCÉAN
ARCTIQUE
MER DE
LAPTEV
Île Wrangel
MER DE
CHOUKTCHI
ALASKA
(É.-U.)
Fairbanks
Île Saint-Laurent
MER DE
BEAUFORT
Calotte polaire
Inuvik
Île Banks
Île Victoria
Cambridge Bay
Coppermine
Resolute
Île Devon
CANADA
Cercle arctique
ÎLE DE BAFFIN
Mer de
Baffin
Alert
Île
d'Ellesmere
GROENLAND
(Danemark)
Détroit de Davis
Nuuk
Reykjavik
ISLANDE
ÎLES
BRITANNIQUES
Glasgow
OCÉAN ATLANTIQUE
MER DU GROENLAND
Juneau

RUSSIE

Phoque en Arctique

Morses en Arctique

Les Territoires du Nord-Ouest

Explorations mondiales

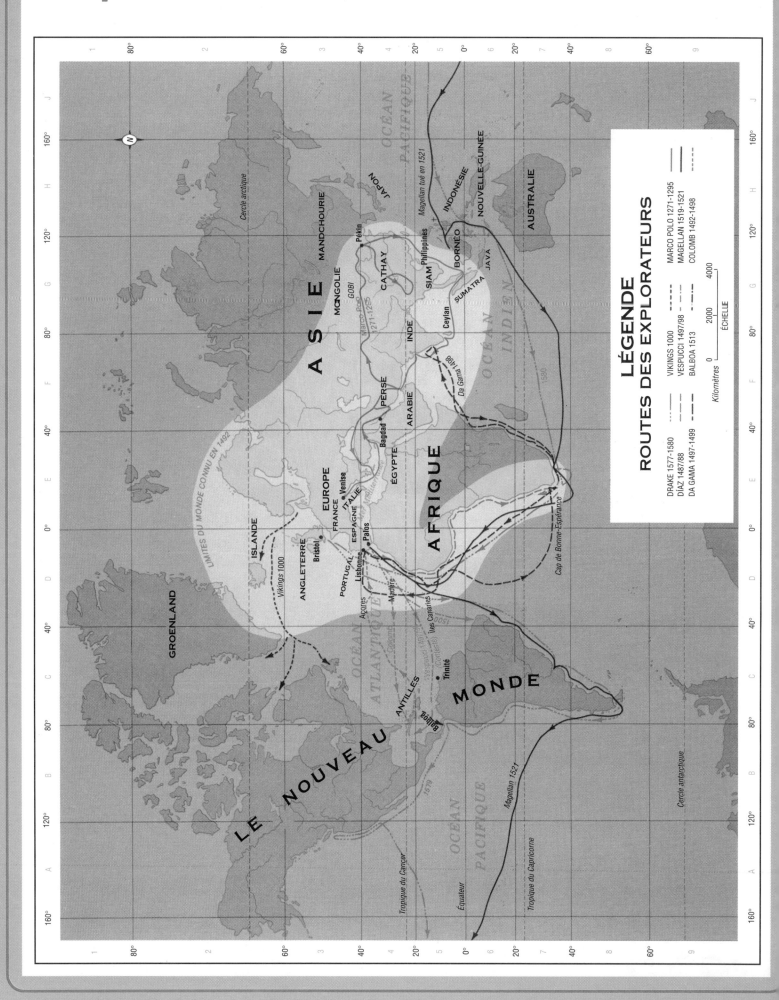

LÉGENDE
ROUTES DES EXPLORATEURS

DRAKE 1577-1580
DIAZ 1487/88
DA GAMA 1497-1499

VIKINGS 1000
VESPUCCI 1497/98
BALBOA 1513

MARCO POLO 1271-1295
MAGELLAN 1519-1521
COLOMB 1492-1498

ÉCHELLE
Kilomètres   0   2000   4000

Explorateurs

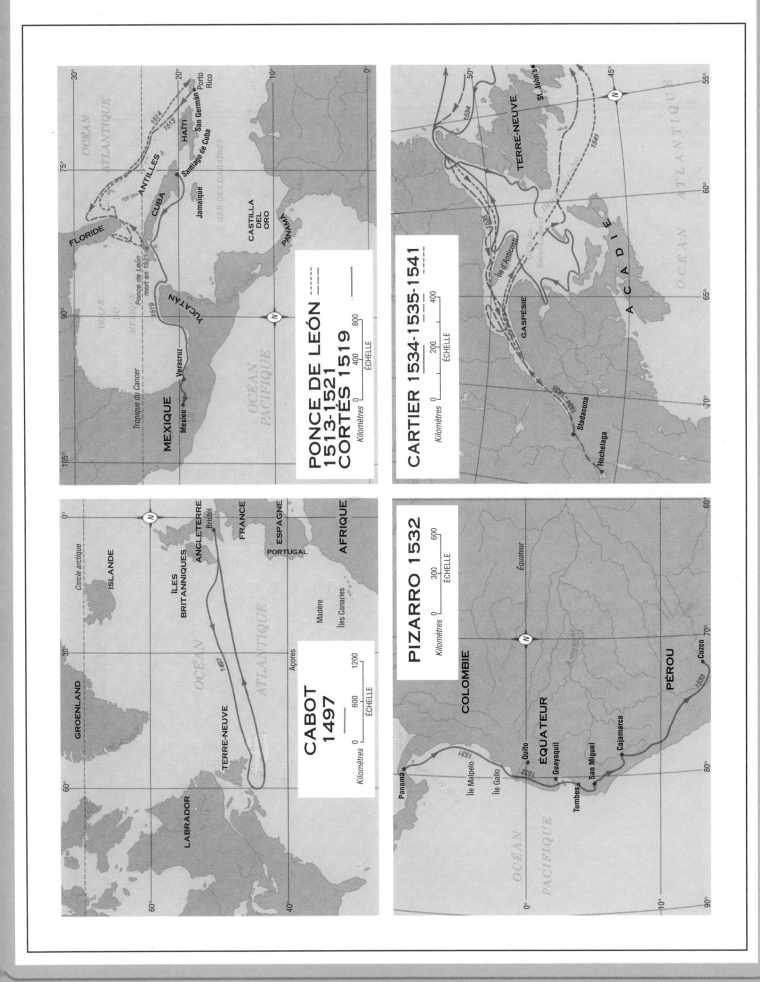

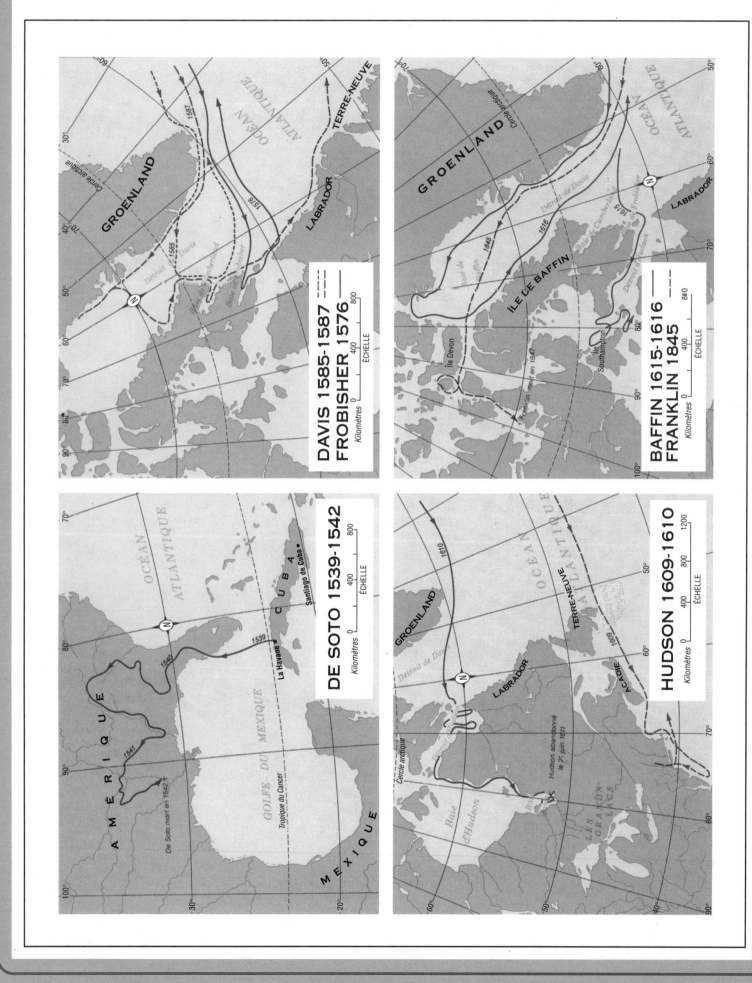

Explorateurs

Explorateurs

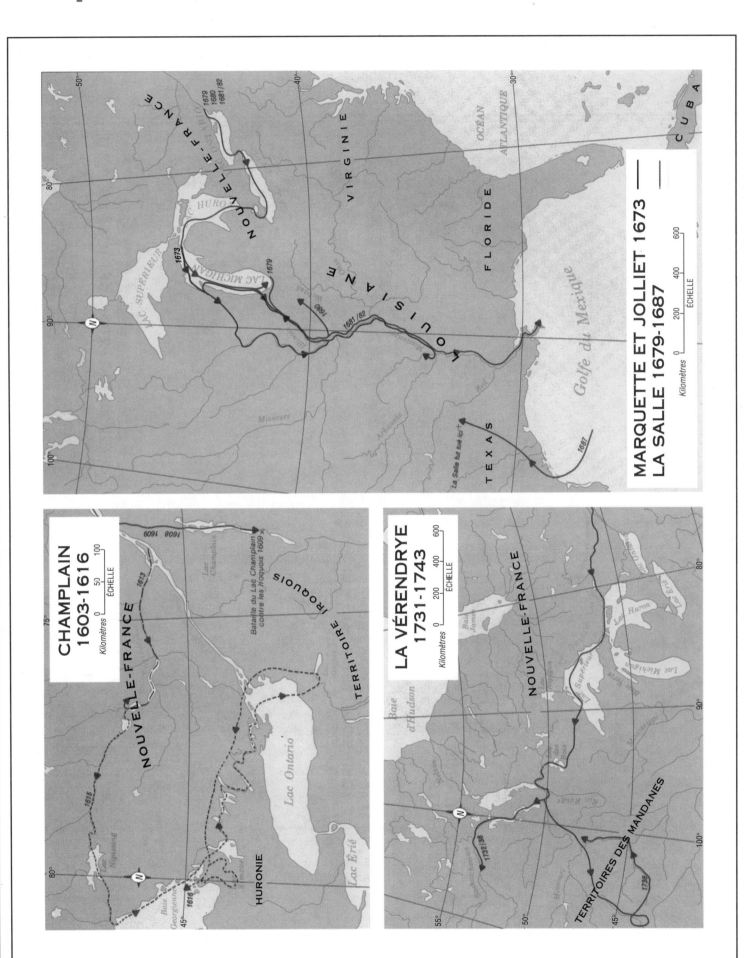

MARQUETTE ET JOLLIET 1673
LA SALLE 1679-1687

ÉCHELLE

Kilomètres 0 200 400 600

CHAMPLAIN 1603-1616

ÉCHELLE

Kilomètres 0 50 100

LA VÉRENDRYE 1731-1743

ÉCHELLE

Kilomètres 0 200 400 600

Explorateurs

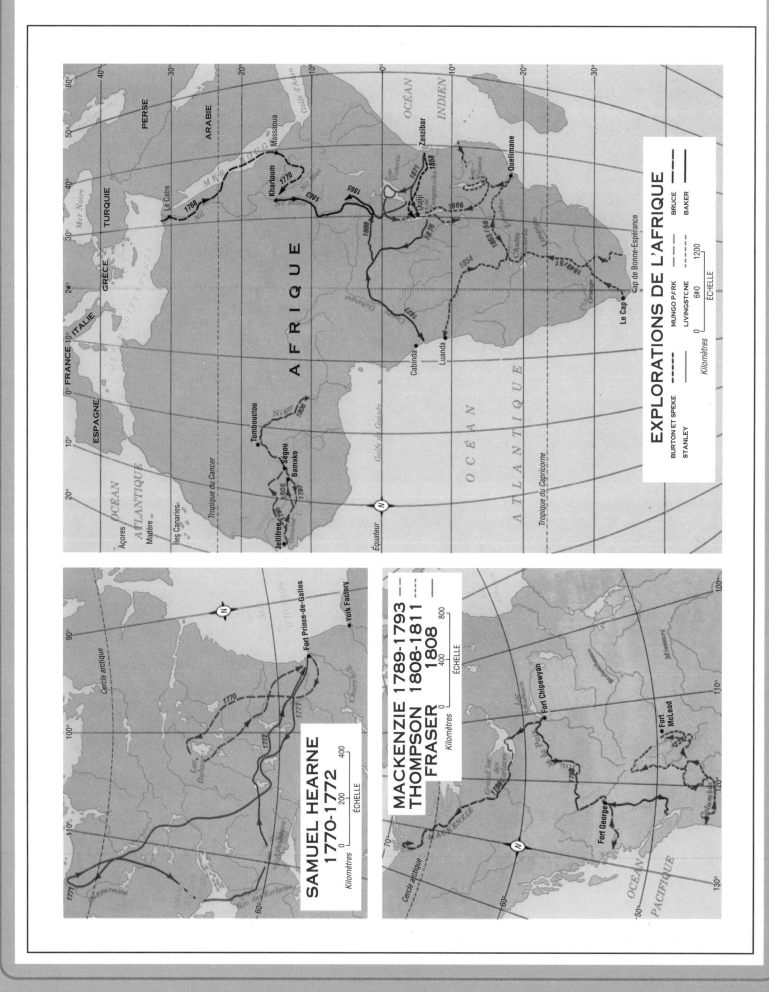

EXPLORATIONS DE L'AFRIQUE

BURTON ET SPEKE   MUNGO PARK
STANLEY   LIVINGSTONE   BRUCE   BAKER

ÉCHELLE
0   600   1200
Kilomètres

SAMUEL HEARNE
1770-1772

ÉCHELLE
0   200   400
Kilomètres

MACKENZIE 1789-1793
THOMPSON 1808-1811
FRASER 1808

ÉCHELLE
0   400   800
Kilomètres

Explorations polaires

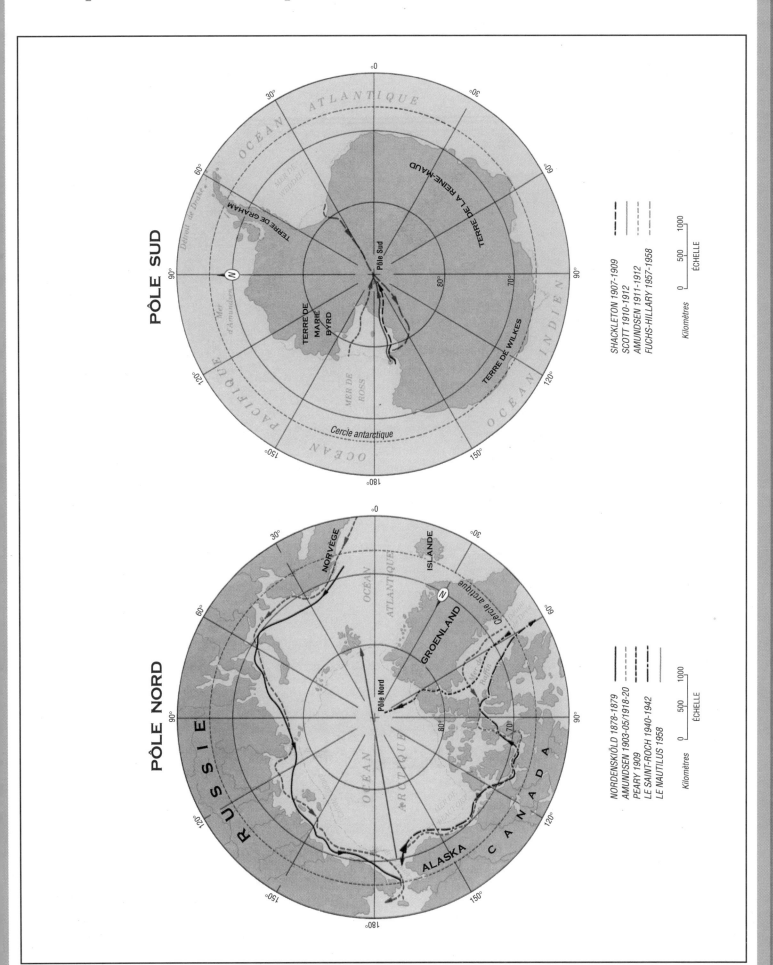

PÔLE SUD

OCÉAN ATLANTIQUE

MER DE WEDDELL

Détroit de Drake

TERRE DE GRAHAM

TERRE DE LA REINE-MAUD

Pôle Sud

Mer d'Amundsen

TERRE DE MARIE BYRD

OCÉAN PACIFIQUE

OCÉAN INDIEN

MER DE ROSS

TERRE DE WILKES

Cercle antarctique

OCÉAN

30° 0° 30° 60° 60° 90° 90° 70° 80° 120° 120° 150° 150° 180°

SHACKLETON 1907-1909
SCOTT 1910-1912
AMUNDSEN 1911-1912
FUCHS-HILLARY 1957-1958

Kilomètres
0   500   1000
ÉCHELLE

PÔLE NORD

NORVÈGE

ISLANDE

OCÉAN ATLANTIQUE

Cercle arctique

GROENLAND

Pôle Nord

OCÉAN ARCTIQUE

RUSSIE

ALASKA

CANADA

30° 0° 30° 60° 60° 90° 90° 70° 80° 120° 120° 150° 150° 180°

NORDENSKIÖLD 1878-1879
AMUNDSEN 1903-05/1918-20
PEARY 1909
LE SAINT-ROCH 1940-1942
LE NAUTILUS 1958

Kilomètres
0   500   1000
ÉCHELLE

Amérique du Nord
POPULATIONS AUTOCHTONES VERS 1500

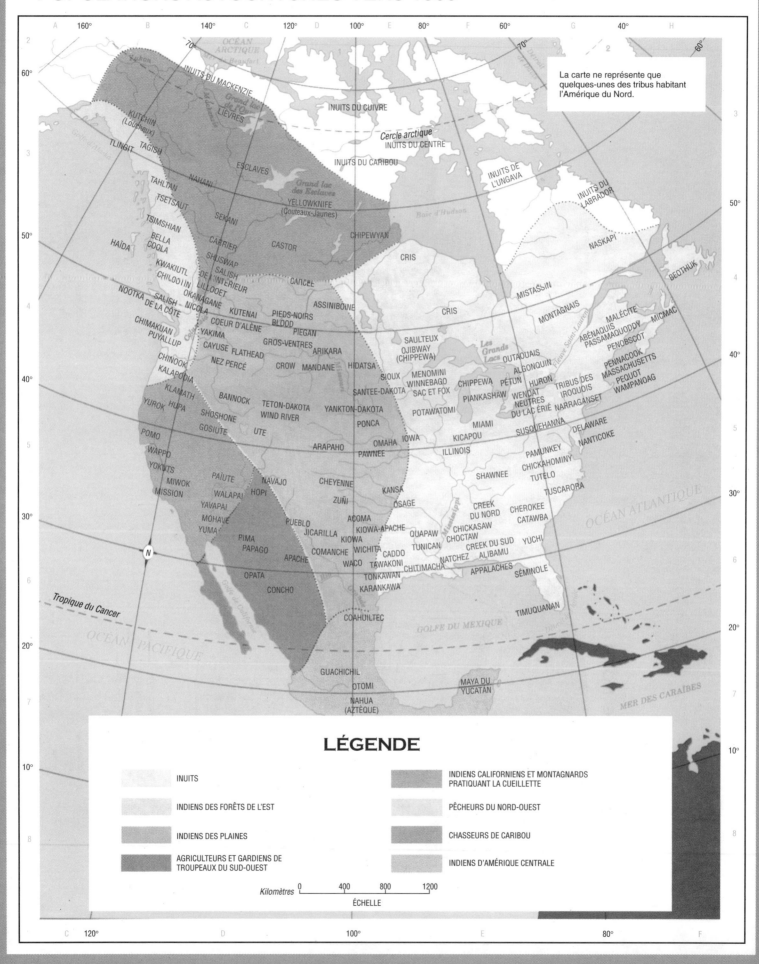

La carte ne représente que quelques-unes des tribus habitant l'Amérique du Nord.

LÉGENDE

- INUITS
- INDIENS DES FORÊTS DE L'EST
- INDIENS DES PLAINES
- AGRICULTEURS ET GARDIENS DE TROUPEAUX DU SUD-OUEST
- INDIENS CALIFORNIENS ET MONTAGNARDS PRATIQUANT LA CUEILLETTE
- PÊCHEURS DU NORD-OUEST
- CHASSEURS DE CARIBOU
- INDIENS D'AMÉRIQUE CENTRALE

Kilomètres
0   400   800   1200
ÉCHELLE

Canada
GENRES DE VIE DES AUTOCHTONES VERS 1500

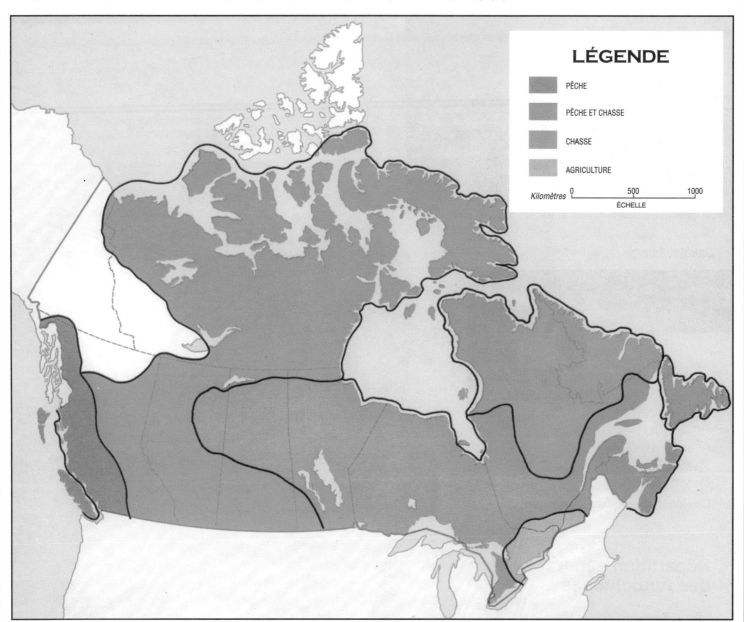

LÉGENDE

- PÊCHE
- PÊCHE ET CHASSE
- CHASSE
- AGRICULTURE

Kilomètres 0   500   1000
ÉCHELLE

«Indiens de la côte Ouest revenant de la chasse»,
tableau de Thomas Mower Martin

«Enclos à bisons», gravure de Edw. Finden

Canada
LES AUTOCHTONES ACTUELS

Dakota, Alberta

Cowichan, Colombie-Britannique

Répartition géographique des Autochtones

Terre-Neuve	1,8
Île-du-Prince-Édouard	0,1
Nouvelle-Écosse	1,6
Nouveau-Brunswick	1,3
Québec	8,9
Ontario	17,7
Manitoba	16,1
Saskatchewan	13,9
Alberta	15,4
Colombie-Britannique	17,5
Yukon	0,8
Territoires du Nord-Ouest et Nunavut	4,9

 = 100 %

Cri, Saskatchewan

LÉGENDE
Principales familles linguistiques

- ALGONQUINE
- ATHAPASCANE
- HAÏDA
- IROQUOISE
- KOOTENAISE
- SALISHANE
- SIOUX
- TLINGIT
- TSIMSHIANE
- WAKASHANE
- INUKTITUT

Populations autochtones du Canada en 1996

	Population autochtone totale	Indiens	Métis	Inuits
Canada	*799 015*	*554 290*	*210 190*	*41 080*
Terre-Neuve	14 205	5 430	4 685	4 265
Île-du-Prince-Édouard	950	825	120	15
Nouvelle-Écosse	12 380	11 340	860	210
Nouveau-Brunswick	10 250	9 180	975	120
Québec	71 415	47 600	16 075	8 300
Ontario	141 525	118 830	22 790	1 300
Manitoba	128 685	82 990	46 195	360
Saskatchewan	111 245	75 205	36 535	190
Alberta	122 840	72 645	50 745	795
Colombie-Britannique	139 655	113 315	26 750	815
Yukon	6 175	5 530	565	110
Territoires du Nord-Ouest et Nunavut	39 690	11 400	3 895	24 600

Ces statistiques comportent une certaine marge d'erreur,
plusieurs répondants ayant déclaré appartenir à plus d'un groupe.

Micmacs, Île du Cap-Breton, Nouvelle-Écosse

Inuit, Territoires du Nord-Ouest

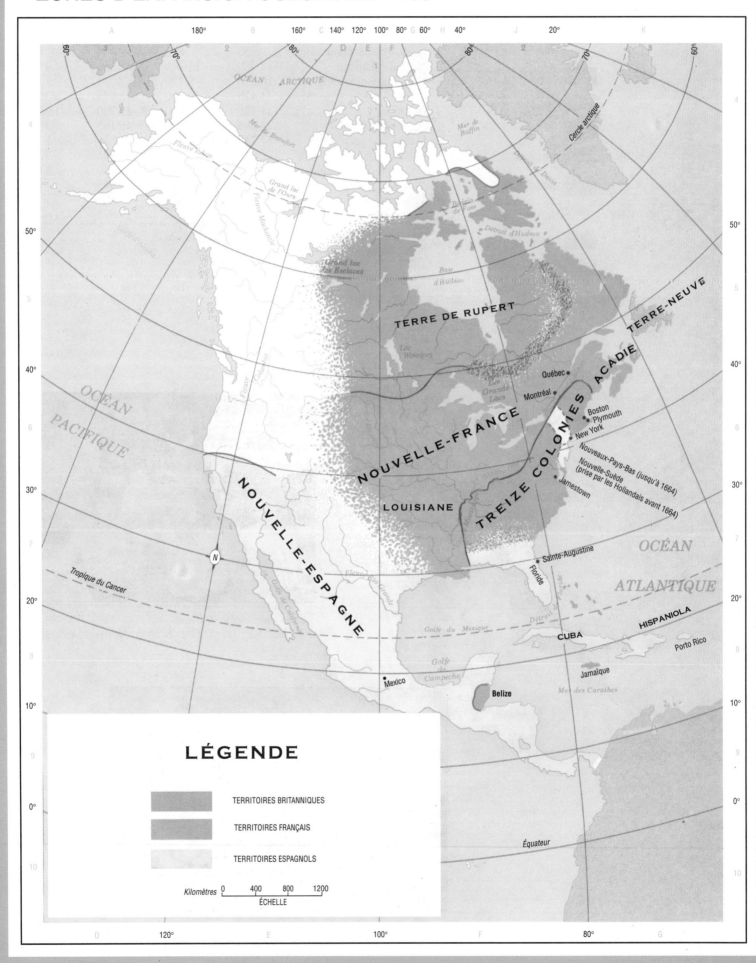

Amérique du Nord
ZONES D'EXPANSION COLONIALE – 1664

LÉGENDE

TERRITOIRES BRITANNIQUES

TERRITOIRES FRANÇAIS

TERRITOIRES ESPAGNOLS

Kilomètres 0 400 800 1200
ÉCHELLE

Canada
ÉVOLUTION TERRITORIALE DEPUIS 1867

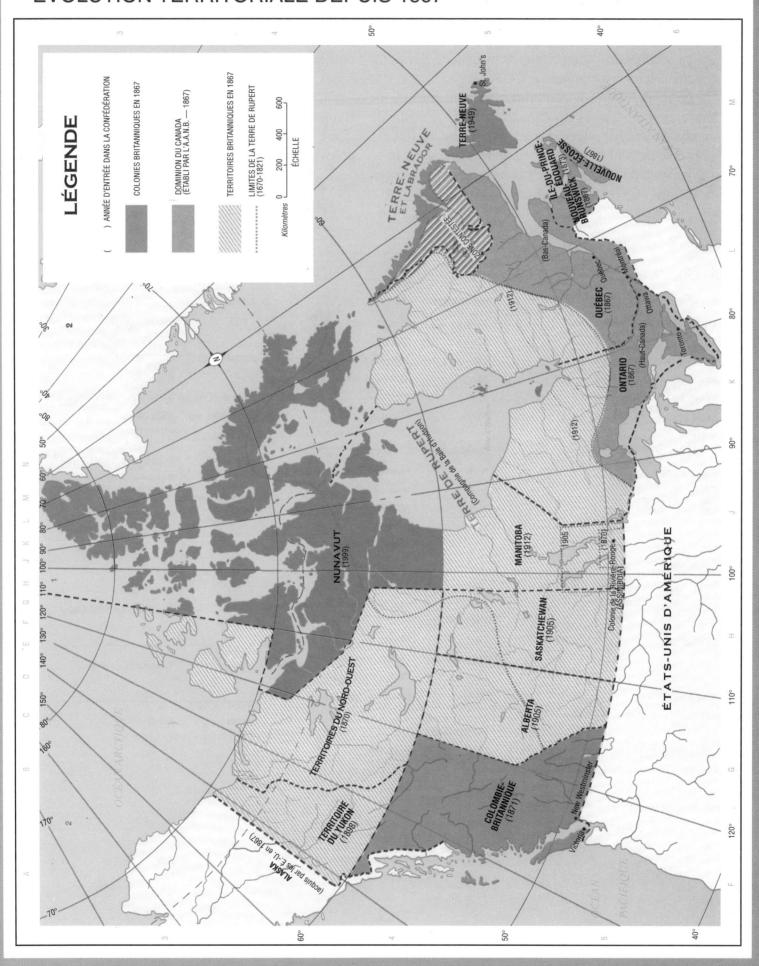

LÉGENDE

( ) ANNÉE D'ENTRÉE DANS LA CONFÉDÉRATION

COLONIES BRITANNIQUES EN 1867

DOMINION DU CANADA (ÉTABLI PAR L'A.A.N.B. — 1867)

TERRITOIRES BRITANNIQUES EN 1867

LIMITES DE LA TERRE DE RUPERT (1670-1821)

ÉCHELLE

0 200 400 600

Kilomètres

Index géographique

Les pages suivantes énumèrent tous les noms importants paraissant sur les cartes de l'atlas. La première liste porte sur les toponymes canadiens tandis que la seconde est le répertoire alphabétique des noms appartenant au reste du monde.

Le nom de la province ou du territoire est indiqué après chaque toponyme canadien. Pour le reste du monde, on indique ou le pays, ou le continent, ou l'océan auquel se rattache le nom de lieu. Indexé une seule fois, chaque nom obtient le renvoi à la carte où il est le mieux en valeur.

Le repérage des noms s'effectue grâce au système de coordonnées résultant des lettres, placées dans le bas et dans le haut des cartes, et des chiffres, placés de chaque côté des cartes.

À moins que le toponyme soit lui-même explicite, l'index identifie l'accident de terrain ou la nature de l'entité désignée. Pour des raisons d'espace et de commodité, on utilise les abréviations signalées ci-après.

ABRÉVIATIONS

Afr. du Sud	Afrique du Sud
Alsk.	Alaska
Am. centrale	Amérique centrale
Am. du Sud	Amérique du Sud
Antarct.	Antarctique
Arch.	Archipel
Austr.	Australie

Calif.	Californie
Can.	Canada
C.-B.	Colombie-Britannique

É.-U.	États-Unis d'Amérique
Esp.	Espagne

Fr.	France

Groen.	Groenland

Î.-P.-É.	Île-du-Prince-Édouard

Lux.	Luxembourg

Mad.	Madagascar
Man.	Manitoba
Mer des Car.	Mer des Caraïbes
Mer Méd.	Mer Méditerranée
Mex.	Mexique
Mich.	Michigan

N.-B.	Nouveau-Brunswick
N.-É.	Nouvelle-Écosse
N.H.	New Hampshire
Nic.	Nicaragua
N.-Mex.	Nouveau-Mexique
N.-Z.	Nouvelle-Zélande
Nun.	Nunavut

Oc.	Océan
Oc. Atlant.	Océan Atlantique
Oc. Pac.	Océan Pacifique
Ont.	Ontario

P.-B.	Pays-Bas
Penn.	Pennsylvanie
Port.	Portugal

Qué.	Québec

Rép.	République
Rép. du Congo	République du Congo
Rép. dém. du Congo	République démocratique du Congo
Rép. dom.	République dominicaine
R.-U.	Royaume-Uni

Sask.	Saskatchewan
ston rech.	Station de recherche

T.-N.	Terre-Neuve
T.N.-O.	Territoires du Nord-Ouest

Venez.	Venezuela

Zimb.	Zimbabwe

LE CANADA

LE MONDE (sauf le CANADA)

ACHEVÉ D'IMPRIMER
EN L'AN DEUX
MILLE
SUR LES
PRESSES DES
ATELIERS GUÉRIN
MONTRÉAL (QUÉBEC)

Le monde en chiffres

Les dix pays les plus vastes du monde

1.	Russie	17 075 272 km²
2.	Canada	9 976 139 km²
3.	Chine	9 561 000 km²
4.	États-Unis	9 363 353 km²
5.	Brésil	8 511 965 km²
6.	Australie	7 696 810 km²
7.	Inde	3 287 580 km²
8.	Argentine	2 766 889 km²
9.	Soudan	2 505 813 km²
10.	Algérie	2 381 741 km²

Les dix plus longs fleuves

1.	Nil, Afrique	6 670 km
2.	Amazone, Amérique du Sud	6 570 km
3.	Chang Jiang, Asie	5 980 km
4.	Mississippi, États-Unis	5 970 km
5.	Yenisey, Asie	5 870 km
6.	Amur, Asie	5 780 km
7.	Ob-Irtysh, Asie	5 410 km
8.	La Plata-Paraná, Amérique du Sud	4 880 km
9.	Huang He, Asie	4 840 km
10.	Congo, Afrique	4 630 km

Les dix plus grands lacs et mers intérieurs

1.	Mer Caspienne, Asie	378 400 km²
2.	Lac Supérieur, Amérique du Nord	82 260 km²
3.	Mer d'Aral (salée), Asie	62 940 km²
4.	Lac Victoria, Afrique	64 100 km²
5.	Lac Huron, Amérique du Nord	59 580 km²
6.	Lac Michigan, Amérique du Nord	58 020 km²
7.	Lac Tanganyika, Afrique	32 000 km²
8.	Lac Baïkal, Asie	31 500 km²
9.	Grand lac de l'Ours, Amérique du Nord	31 150 km²
10.	Lac Nyasa, Afrique	28 570 km²

Déserts

CHAUDS	
Sahara (Afrique) (près du tiers de l'Afrique)	9 000 000 km²
Gobi (Asie)	1 300 000 km²
Patagonie (Am. du Sud)	673 000 km²
Rub' Al Khāli (Asie)	650 000 km²
Grand Désert de Victoria (Austr.)	647 000 km²
Grand Bassin (Am. du Nord)	492 000 km²
Nord du Mexique	450 000 km²
Grand Désert de Sable (Austr.)	400 000 km²
Karakoum (Asie)	350 000 km²
FROIDS	
Antarctique	13 209 000 km²
Groenland	2 186 000 km²

Amérique du Nord

Superficie:	24 235 280 km²
Point culminant:	Mont McKinley 6 194 m
Point le plus bas:	Vallée de la Mort
	86 m sous le niveau de la mer

Les océans

Océan Atlantique	26 %
Océan Indien	21 %
Océan Arctique	4 %
Océan Pacifique	49 %
Surface totale d'eau salée	100 %

Amérique du Sud

Superficie:	17 820 770 km²
Point culminant:	Mont Aconcagua 6 960 m
Point le plus bas:	Salinas Grande
	40 m sous le niveau de la mer

Antarctique

Superficie:	13 209 000 km²
Point culminant:	Massif Vinson 4 897 m
Point le plus bas:	niveau de la mer

Dix grands déserts

1.	Sahara, Afrique	9 000 000 km²
2.	Rub' Al Khāli , Asie	650 000 km²
3.	Kalahari, Afrique	583 000 km²
4.	Chihuahua, Amérique du Nord	363 000 km²
5.	Taklimakan, Asie	363 000 km²
6.	Karakoum, Asie	311 000 km²
7.	Gibson, Australie	310 000 km²
8.	Nubie, Afrique	260 000 km²
9.	Syrie, Asie	260 000 km²
10.	Thar, Asie	260 000 km²